철학의 이해

저자　이 강 화 (李康和)

영남대 정치외교학과를 졸업하고 영남대 대학원 철학과(문학석사)를 거쳐, 계명대 대학원 철학과에서 <헤겔 공동체 이론과 변증법>으로 철학박사 학위를 받았다. 현재 계명대 목요철학연구원 연구위원으로 근무 중이다. 주 전공 분야는 헤겔 철학이지만 대중문화, 특히 영화를 중심으로 연구를 하고 있다. 저서로는 <영화 속의 여성읽기>(세종출판사, 2003), <문화이론과 현실>(문예미학사, 2003) 등이 있고, 공저로는 <해석학과 현대철학>(철학과 현실사, 1996), <철학의 근본문제들>(학문사, 1998), <문화의 이해>(이문출판사, 2000), <우리 시대와 윤리>(교육과학사, 2010), <쉽게 읽는 현대철학>(대구 가톨릭 대학교 인문과학 연구소, 2013) 등이 있다.

철학의 이해

펴낸곳／이문출판사 ‖ 변경등록:1994. 6. 3. 제7-20호
발행인／지경원 ‖ 지은이•이강화 ‖ 초판 2쇄／2018년 3월 8일

주소／42425 대구시 남구 중앙대로40길 11-14 101호
／03728 서울 서대문구 모래내로24다길 15-5
전화／02) 359-8250, 053) 624-3113
팩스／02) 359-8251

값 10,000 원
ISBN 978-89-7334-159-7 93160

철학의 이해

이 강 화 지음

이문출판사

머 리 글

오늘날 인문학은 전반적으로 매우 심각한 위기에 처해 있다. 이러한 위기는 여러 가지 차원에서 분석 가능한데, 우선 학문조차도 사용가치 대신 교환가치에 의해 지배받는, 다시 말해서 실용성과 시장원리에 의해서만 모든 학문의 존재의미를 판단하는 신자유주의적인 풍토가 원인이 될 수 있다. 또 중요한 원인으로 이른바 '기술 복제 시대'의 도래에도 불구하고 아직도 문자적 기록과 관념적 사유만을 고수하는 인문학의 전통적 연구 방식에 있다고 볼 수 있다. 이러한 상황에서 전통적으로 인문학을 대표해 왔던 철학의 경우, 이른바 학문 특유의 '비실용성'과 '비현실성'으로 인해서 그 위기 상황이 더욱 심각하다고 볼 수 있다.

한편, 근대 이후 외부로부터 한국사회에 이식된 철학의 역사를 고찰해 본다면 철학이 처한 이러한 상황이 비단 최근의 정치적, 경제적 원인에서 비롯된 것만은 아님을 쉽게 확인할 수 있다. 일제시대부터 다른 학문에 비해서 철학은 무용성과 비현실성이 유달리 강조되었고 그 결과 흔히 '데칸쇼'라고 비하적으로 호칭된 철학은 특유의 관념성으로 인해서 현실 문제에 대한 구체적인 대안을 제시하기는커녕, 철저하게 현실도피적인 퇴영적 학문으로 매도되었다. 이것은 근본적으로 총체적이고 비판적인 그리고 합리적인 사고를 요구하는 철학을 백안시하는 일본 군국주의자들의 왜곡된 견해에서 비롯되었고 이러한 부정적 인식은 식민지 통치를 거치면서 이 땅의 지식인들에게 고스란히 전수되었다.

이러한 관점을 더욱 고착시킨 것은 철학 특유의 난해함 때문이기도 하다. 철학이 어렵다는 식의 속단은 이 학문을 접해보지 못한 일반인들뿐만 아니라, 대학에서 교양과목 등을 통해서 철학을 조금이라도 접해본 우리 사회의 지식인들에게서도 쉽게 확인되는 사실이다. 그러나 학문적 난해함은 사실 수학이나 물리학 혹은 경제학 등 이른바 다른 기초 학문에서도 공통으로 확인할 수 있는 바, 유달리 철학의 난해함이 강조되는 이유는 결국 앞에서 지적되었듯이 이 학문에게 운명처럼 따라다니는 비현실성과 비실용성에 대한 편견 때문일 것이다.[1)]

그럼에도 불구하고 지성사를 통해서 철학은 왜 그렇게 오랫동안 모든 학문의 근본으로 이해되었을까? 왜 그렇게 오랫동안 '만학의 왕'이라 불려졌을까? 가장 중요한 이유는 비현실성과 비실용성에도 불구하고 철학만이 우리에게 가장 중요한 문제인 삶의 방향과 목적에 대해서 생각하고 고민하게 해주기 때문이다. 다시 말해서 철학만이 우리로 하여금 삶의 궁극적인 문제를 음미하고 반성하게 하기 때문이다.

일상생활에서 우리들은 그것이 왜 존재하고 있으며, 우리 주위에 있는 모든 것들이 나에게 어떠한 의미가 있는가? 안다는 것은 무엇이며, 진리

---

1) 철학사를 통해서 많은 철학자들은 자신의 고유한 사상을 전개하기 위해서 매우 관념적이고도 난해한 개념들을 사용하였고 이것이 철학에 대한 일반인들의 용이한 접근을 가로막고 있다는 사실은 부정할 수 없다. 그러나 또 다른 원인 중 하나는 우리나라의 경우, 다른 과목(학문)에 비해서 중고교 교육과정에서 철학수업이 거의 부재하다는 데에도 있다.

다른 학문의 경우, 중고교의 여러 과목을 통해서 개념이나 용어를 어느 정도 숙지하고 들어오는 반면, 대학에서 처음 접하는 철학의 경우 그 개념이나 용어가 생소하고 추상적이기에 처음부터 난해하다는 인상을 받을 수밖에 없다. 이에 반해서 고교시절부터 철학 과목이 매우 중시되는 유럽의 경우, 철학 대화방, 철학 상담소, 철학 카페 등에서의 다양한 대화를 통해서 철학적 담론은 교육현장을 벗어난 일상 속에 매우 접근하기 쉬운 방법으로 잡고 있다.

나 정의 혹은 가치 있는 삶이란 무엇인가? 삶에서 어떠한 목표를 발견할 수 있으며 신은 진정으로 존재하는가? 나의 행동에 대해서 나는 어떠한 책임을 져야하는가? 선과 악이란 무엇이며 그 기준은 어디에 있는가? 등의 질문을 지속적으로 던지면서 이에 대한 해답을 찾으려고 노력한다.[2] 우리들이 살아가면서 쉽게 답이 주어지지 않는 이러한 의문들(Why, Warum)에 대해서 진지하게 고뇌하고 사색하는 것이 철학의 고유한 기능인 것이다. 이리하여 이른바 '왜-질문'(Warum-Frage)이야 말로 철학의 시발점이 되는 것이다.[3]

철학이 이러한 기능을 할 수 있는 것은 사람들이 오랫동안 이 학문을 통해서 삶의 진정한 의미와 방법을 찾으려고 노력하였기 때문이다. 다시 말해서 긴 세월 동안 철학을 통해서 사람들은 자신과 사회 그리고 우주의 의미를 발견할 뿐 아니라, 자신의 생각을 더욱 새롭게 발전시켜 나갔기 때문이다. 그리고 오늘의 문명과 문화가 하루아침에 이루어진 것이 아니듯이, 철학 역시 한 시대에 특정인에 의해서 이루어진 것이 아니고 오랜 역사와 많은 철학자들의 노력으로 이루어진 것이다. 이런 의미에서 철학은 인간 정신의 위대한 발자취이며 가장 소중한 재산이라고 할 수 있다.[4] 따라서 동양적 차원에서 보자면 철학자는 일종의 구도자(求道

---

2) 철학에는 해답보다 물음이 더욱 본질적이다. 그것은 물음 속에 이미 찾고자 하는 답의 '의미'가 담겨있기 때문이다. 만약 우리가 얻고자 하는 답을 알고 있다면 물음을 던질 필요가 없을 것이고, 얻고자 하는 답의 내용에 대해서 전혀 모른다면 물음조차 제기할 수 없을 것이다. 이런 면이 철학을 다른 학문과 구분하는 중요한 특징이다. 구체적인 대상과 사물에 관해서 질문을 던지는 다른 학문의 경우 항상 예상되는 답변과 정답이 전제되지만, 철학의 경우 물음 자체에 더 큰 의미가 있기 때문에 어떤 문제에 대한 해결이라는 답변은 또다시 다른 물음을 제기하는 것이다.

3) 동시에 철학에서는 그 '무엇'(Was, What))에 관해서 질문을 던진다. 여기에서 '무엇'이란 사물의 본질을 의미한다. 따라서 '왜-질문'을 확장하면 결국 '무엇-질문'(Was-Frage)로 연결되는 것이다.

者)라고 할 수 있다.

그러나 이처럼 포괄적이고 보편적인 의미로서의 철학이라는 개념이 오늘날에도 그대로 적용되고 있을까? 철학의 의미는 그 역할의 변화와 더불어 그동안 많은 변화를 보여주었다. 철학의 역할이 결정적으로 변하게 된 것은 17세기 이후 근대적 의미의 과학의 등장 때문이었다. 원래 '총체학(總體學)' 혹은 '근본학(根本學)'으로서 철학에서 파생되어 나왔음에도 불구하고 '분과학(分科學)'으로서의 과학은 이전의 철학이 점했던 위치를 위협하면서 곧 우월적 위치를 점하게 되었다.

이때 가장 중요한 요소는 과학이라는 학문의 방법론이었다. 과학은 문제 해결에 있어서의 근본원리를 파악하게 되고 이러한 방법에 근거하여 실증주의적인 방법을 취하게 됨으로써 이른바 보편성과 객관성을 확보할 수 있게 되었다. 이러한 과정을 통해서 과학은 그 위치를 확고히 할 수 있었고 영역을 점차 확대할 수 있었다. 이러한 경향에 대해서 철학자들도 학문의 보편성을 강조하면서 철학을 옹호하였다. 철학 역시 궁극적 실재를 다루고 있으며 특히 형이상학을 통해서 과학이 다룰 수 없는 진정한 앎을 제공할 수 있다는 것이다.

이렇게 볼 때 이러한 분류 과정에서 부여된 철학의 의미는 진정한 목적을 찾으려고 하는 모든 자들에게 하나의 길을 제시하는 학문이며, 여기에 고도의 추상성과 윤리성 그리고 합리성이 요구되는 엄밀한 학문

---

4) 예를 들어 아리스토텔레스는 철학은 '학문'이요 철학자라고 하는 것은 '학자'로서 생각한 것이 철학사의 흐름이었고, 근래에 있어서도 이러한 생각은 변함이 없었다.
한편, 데카르트는 철학을 다음과 같이 설명하고 있다. "전 철학을 하나의 나무로 비유한다면, 그것의 뿌리는 형이상학이요, 줄기는 물리학(자연학)이며, 가지들은 ·의학, 역학, 윤리학과 같은 여타 학들이다."라고 밝히고 있다. 이렇게 철학을 일반 학문의 총칭으로 생각 한 것은 라이프니츠와 뉴턴에 있어서도 마찬가지였다.

이다. 이에 반해서 이른바 객관성과 실증성을 앞세운 자연과학에서 다루는 모든 지적 문제는 인간 자신과의 관계에 대한 깊은 반성이 결여된 상황에서 이루어진 것이라 볼 수 있다. 따라서 철학이 단지 지식의 섭렵과 축적에만 그친다면 일반과학처럼 박식한 지식의 나열은 될지언정 인간과 사회를 위한 진정한 사고체계는 되지 못할 것이다.

그런 의미에서 후설의 '사태 자체에로'의 표현은 오늘날의 철학이 지향하는 바를 잘 보여주고 있다고 할 수 있다. 철학 이외의 다른 학문분야에 종사하는 자들이 오늘날 철학의 역할이 제반 학문의 인식론적, 가치론적인 기초를 제공한다는 사실에 동의하고 있는 이유도 여기에 있는 것이다. 그러므로 철학이 시효가 지난 이론이나 죽은 지식을 문헌학적 차원에서 복고시키거나 반복해서는 안 되며, 지속적으로 새롭게 제기되는 다양한 문제들에 대해서 합리적이고 정당한 해결책을 제시하여야 한다,

철학은 변화된 시대와 상황에 맞추어서 자신의 이론에 끊임없이 새로운 의미를 부여하고, 사유 방식 역시 지속적으로 변화시킴으로써 자신이 속한 사회와 시대가 당면하고 있는 문제에 대해서 새로운 지혜를 제공해야 하는 것이다. 이른바 지혜의 원천을 다루는 최고의 정신적 작업으로서 철학이 인간 행동과 실천의 근원이 되는 까닭이 여기에 있는 것이다. 이런 차원에서 철학은 전공자들만을 위한 전문영역이나 그들만의 지적 놀이가 될 수 없다.

일상인으로서 우리들은 생활적 세계에서 무엇이 참이며, 무엇이 실재하느냐를 논증하며, 특정한 도덕적 판단을 위해서 어떤 입장을 변호하거나 거부하기도 한다. 이것은 우리가 일상에서 철학적 사유를 하고 있음을 보여주는 것이다. 따라서 나름대로의 인생관을 추구하면서 살아가는

모든 사람들에게 철학은 결코 피할 수 없는 진지한 삶의 활동인 것이다.[5)]

특히 이제 지성의 전당에 발을 들여놓은 대학생들의 경우, 자신의 전공분야가 무엇이든 간에 철학을 통해서 자신이 장차 배우려는 학문이 도대체 어떤 의미를 가지고 있으며 우리의 삶에 있어서 인간으로서 추구해야 할 가장 가치 있는 것이 무엇인가를 당연히 고민하고 사색해야 한다. 그럴 때만이 지성인으로서 갖추어야 할 가장 주요한 삶의 무기, 즉 자유와 책임 그리고 궁극적인 삶의 선택에 대한 힘을 가질 수 있는 것이다.

이런 측면에서 이 부족한 책이 이 시대 젊은이들에게 필요한 합리적 지성과 비판적 사유를 함양하는데 조금이라도 기여하기를 바랄 뿐이다.

2014년 2월 22일 저자 씀

---

5) 이리하여 고대 그리스의 철학자 소크라테스는 “음미되지 않는 삶은 살 가치가 없다”고 하였고, 아리스토텔레스 역시 “사람은 마땅히 철학을 해야 한다”고 하였던 것이다.

차 례

제 1 장 철학이란 무엇인가?

1. 철학(哲學 philosophy)의 의미

철학이라는 말을 일상에서 사람들이 많이 사용하고 있으나 그 말을 올바르게 사용하는 사람은 드물다. 흔히 일상생활에서 "이 시대에는 철학이 없다"라든가 "이 회사는 기업 철학이 부재하다"라든가 "인생철학을 가져라" 등의 말을 많이 하지만 일상생활에서 사용되는 철학의 의미는 무척이나 애매하고 외연 역시 너무 넓다고 할 수 있다. 철학의 의미에 대한 불일치는 전문 철학자들 역시 예외가 아니다. 예를 들어 어떤 철학자들은 철학은 지식이 아니라 삶의 태도라고 보는가 하면, 어떤 철학자들은 지식 중에서 으뜸가는 지식이라고 보고 있다. 또 어떤 철학자들은 철학은 특정 인생관에 불과하다고 말하며, 다른 철학자는 철학의 가장 중요한 기능은 혼란스러운 우리의 일상 언어를 분석하는 데 있다고 주장한다. 이처럼 철학 내부에서조차 철학의 개념이나 역할이 한두 가지 의미로 규정되지 않는다는 것을 알 수 있다.[6)]

---

6) 소크라테스나 플라톤에 있어서 지혜는 원래 신의 것이기에 인간은 이를 소유할 수 없고 단지 사랑할 수 있을 뿐이다. 그러므로 지혜를 남들보다 더 사랑하는 사람은 남들보다 더 많은 지식을 소유할 수 있음은 당연하다고 할 수 있다. 물론 지혜가 진정 신의 것이라면 인간에게 알려질 수 없다. 그러나 이데아 세계로부터 유래된 인간의 영혼은 이러한 지혜를 공유할 수 있는 지성도 분유 받았기에 신적 지혜에 대한 이해도

이러한 다양한 의미에도 불구하고 철학자들이 철학을 한다는 것은 나름대로 철학에 대한 어떤 특정한 개념을 가지고 있기 때문에 가능한 것이고, 시대와 사회의 요구에 따라 철학자의 연구 부문과 문제가 다르더라도 어느 정도의 공통되는 의미는 있기 때문에 가능한 것이라고 볼 수 있다. 이리하여 이들에게 철학은 깊은 사색을 거쳐 자연과 인생에 관한 근본적인 문제를 다루며 그것은 어떤 존재자가 아니라 존재 그 자체, 어떤 특수한 가치가 아니라 가치 전반을 사변적인 언어를 통해서 표현하는 것을 의미한다. 이것은 또한 철학이 인간과 세계에 대한 근본원리를 탐구대상으로 한다는 것을 의미하기도 한다.

철학의 발생은 그 기원을 신화시대에 까지 소급할 수 있다. 동양에서는 그 기원을 기원전 15세기 내지 10세기의 인도의 베다(Veda) 신화에까지 소급할 수 있으며, 이 베다 신화를 모태로 하여 기원전 8세기 내지 6세기경에 우파니샤드(Upanisad) 철학이 발생되었고, 중국 역시 비슷한 시기에 제자백가를 중심으로 고대철학이 시작되었다. 서양의 경우도 기원전 8세기경의 시인 헤시오도스의 <신통기>까지 소급할 수 있으며 여기에 묘사된 그리스 신화를 모태로 하여 탈레스를 시조로 하는 이오니아학파의 자연철학이 발생되었다. 그러나 이들 고대 문명권 중에서 그리스인들은 오래지 않아서 신화로부터 이성을 분리함으로써 철학을 매우 독자적인 방향으로 전개시켰다.

가능한 것이다.

아리스토텔레스의 경우, 철학이란 사랑을 통해 얻어진 체계적인 지식 전부를 의미하며 그중에서 제일철학이 가장 참된 것이다. 그는 수학, 자연학, 신학을 이론철학(philosophiai theoretikai)이라 부르면서 이 중에서 신학(theoloike)이야말로 가장 참된 철학으로서 제일철학(prote philosophia)이라고 하였다. 따라서 제일철학만이 지혜라 불릴 수 있고 제이철학이나 실천철학은 단지 지식에 불과한 것이다.

이렇게 볼 때 철학이라는 말의 어원이 그리스어 필로소피아(φιλοσοφία, philosophia, 영어로 philosophy, 독어, 불어로 Philosophie)에서 유래되었음은 당연하다고 할 수 있다. 필레인(Philein; 愛)와 소피아(Sophia; 智)의 합성어인 philosophia는 지혜에 대한 사랑, 즉 애지(愛智)를 의미한다.[7] 그런데 이때 '애지'란 지혜나 지식의 소유를 의미하거나 지혜나 지식 그 자체를 의미하는 것이 아니라, '무지'에서 '지'에 이르는 과정으로서의 노력을 의미하는 것이다.[8] 그리스에서 이 말은 처음에 지식 일반이라는 의미로 사용되었지만, 철학의 독특한 성격을 강조하기 위해서 나중에는 지식에 대한 사랑(love of wisdom)이라는 고유한 의미를 가지게 되었다.[9] BC 6세기 후반의 피타고라스 학파는 명리(名利)를 떠나 지혜를 간구하는 것이 철학이라고 말했다. 그러나 철학의 의미가 확정된 것은 BC 5세기 후반 소크라테스와 그의 제자 플라톤에 의해서였다. 이런 의미에서 철학이라는 용어를 최초로 사용한 철학자는 소크라테스라고 흔히 말해진다.[10]

---

7) 하이데거는 고대 그리스 철학자 헤라클레이토스에 근거하여 philosophia를 다음과 같이 설명하였다. 우선 'philo'는 동사 원형 'philein'의 어간이며 'philein'은 통속적인 의미에서의 '사랑하다'가 아니고 'homologein' 즉 '화답하다', '순응하다' 혹은 '합치하다'를 뜻한다는 것이다. 그리고 'sophia'는 형용사적 명사형 'to sophon'에서 유래하는데 그 뜻은 '만물과 하나가 된다'는 것이다. 결국 하이데거 식으로 해석한다면 'philosophia'는 '있는 것을 각기 그것으로 있도록 모아주는 것에 응답, 화답, 순응, 일치, 회동하는 것'이라고 할 수 있다.

8) 이런 맥락에서 야스퍼스는 "철학함이란 언제나 도상(途上)에 있는 것이다"라고 정의하였다. 그리고 철학함의 도상에서는 어떤 완결된 질문이나 해답이 없고 오로지 끊임없는 질문 만이 있는 것이다.

9) 필로소페인(philosophein)이라는 단어는 헤로도토스의 <역사> 속에서 솔론이 그리스의 현인을 언급할 때 처음 나온다. 솔론은 지혜를 찾아서 여러 나라를 순방했는데 이 과정에서 그가 확인한 사실은 신을 두려워하고 인간의 한계를 인식하는 것이 진정한 지혜이고 이것이 바로 철학이라는 것이다..

소크라테스는 당시의 처세에 적합한 매우 현실적인 지식을 팔고 있던 소피스트들과 비교하면서 자신을 소피스트(Sophist)라고 부르지 말고

---

10) "파이드로스여, 그를 지혜 있는 자(sophon)라 부르는 것은, 내가 보기엔 너무 높이 올라간 것 같고, 그런 말은 신에게나 적용하면 적절한 것 같네. 그러나 지혜를 사랑하는 자(philosophon)혹은 그 비슷한 말로 부른다면, 그 자신도 차라리 동의 할 것이고, 보다 더 합당할 것 같네." (플라톤,<파이드로스>, 278d)

플라톤은 이러한 소크라테스의 정신을 이어받아 철학의 의미를 더욱 깊게 하였다. 그는 철학을 지혜에 대한 사랑(필리아)이라기보다 사랑(에로스) 그 자체라 보았다. 즉 그는 철학을 구성하는 두 가지 의미 가운데서 지혜보다는 사랑을 더욱 강조한 것이다. 그러면 이때의 사랑이란 무엇인가? 사랑이란 인간의 본성으로서 일종의 중간 존재이다. 이를 위해서 플라톤은 그의 저서 <향연>에서 흥미로운 신화를 인용한다. 여기에서 플라톤은 사랑을 뜻하는 단어로 Philos 대신 Eros를 사용하면서 그 의미를 다음과 같이 설명한다.

Eros는 아버지 Poros와 어머니 Penia 사이에 태어난 신이다. 미의 여신 Aphrodite는 자신의 생일날을 축하기 위해서 그리스의 모든 신들을 초대하였는데 여기에서 풍요의 신 Poros가 빈곤의 신 Penia와 만나게 되고 이 두 신은 서로 사랑하여 동침하니 그 사이에서 태어난 자식이 바로 사랑의 신 Eros인 것이다. 이리하여 Eros는 한편으로 아버지를 닮아서 넉넉하고 모든 것이 풍요하지만 다른 한편으로는 어머니를 닮아서 늘 빈곤하고 부족하다.

이처럼 풍요하면서도 부족한 Eros의 속성이야말로 지혜롭고도 어리석은, 아름답고도 추한 인간의 중간적 속성을 잘 보여주는 것이다. 이것은 지식의 영역에도 타당한데 인간은 끊임없이 지식을 추구함으로써 늘 풍요한 지식을 소유하지만 그러면서도 늘 좀 더 알고 싶은 지적인 빈곤을 느낀다는 것이다. 이리하여 인간은 운명적으로 현실에 발을 딛고 있으면서도 끊임없이 높은 이상을 향해 자신의 지적 작업을 추구해야 하는 것이다.

여기에서 참고로 Eros(에로스)의 두 가지 의미를 알아보도록 하자. 첫 번째는 앞에서 확인 했듯이 원래 '생산의 신'이라는 뜻에서 유래하여 '이성 간의 사랑' 혹은 '성적인 사랑', 즉 자기 중심적이고 소유적인 사랑을 의미함으로써 이타적인 사랑인 아가페(agaphe)와 대조를 이룬다. 반면에 두 번째는 이른바 '플라토닉 러브'로서 "감각과 현상의 세계에서 벗어나 이데아의 세계로 나아가도록 하는 충동 내지 원동력"을 말한다. 다시 말해서 부질없는 감각의 세계에 사로잡힌 시야를 벗어나서 불멸하는 실재의 세계로 나아가는 충동 이것이 바로 에로스인 것이다. 플라톤에 의하면 이러한 에로스야말로 철학의 진정한 충동인 것이다.

필로소포스(Philosophos), 즉 '지혜를 사랑하는 사람'(愛智者)라고 불러 달라고 하였다[11] 소크라테스가 보기에 인간에게 있어서 가장 중요한 것은 그냥 살아 있는 것이 아니라, 어떻게 하면 잘 살아갈 수 있는가 하는 것이고 이에 대한 해답을 구하는 행위가 바로 철학인 것이다. 그리스 철학은 이후 로마 시대에 들어와 그리스도교와 합쳐지면서 그리스도 교리를 체계화하는 데 중요한 수단이 되었고 교리의 일부로 흡수되기도 하였다. 이 과정에서 그리스도교는 유대민족의 분파 종교라는 한계를 초월하여 지중해 세계의 보편적인 종교가 되었다. 이처럼 그리스 철학이 일신론(一神論)을 중심으로 하는 그리스도교의 교리를 해석하는 지적 도구가 되면서 차츰 신학의 도구로 변질되었다.

17세기에 이르러 르네상스와 종교개혁 그리고 과학혁명 등을 거치면서 새로운 학문으로서 자연과학이 발흥하였고, 18세기에는 인간학(지금의 사회과학과 인문과학)이 전개되었다. 이 과정에서 신학은 종전의 총체적 형이상학으로서의 특권적 위치를 상실하게 되고, 이제 철학은 자연과학을 중심으로 하는 새로운 학문의 인식론적 토대를 규명하는 작업을 전담하게 된다. 한편, 신학의 쇠퇴에도 불구하고 신의 존재가 철학에 대하여 갖는 절대적 위치는 변하지 않았다. 따라서 수학은 인간의 지혜를 초월하는 신적(神的)인 순수지성의 작용에서 유래하는 것이었고, 정치적 민주주의도 신 앞에서 인격이 평등하다는 종교적 개념에 바탕을

---

11) 중국에서는 17세기 이래로 여러 문헌에서 philospia를 費祿蘇非亞로 음역하면서 번역어로는 格物窮理之學으로 표기하였다. 이것은 철학을 사물을 다져 그 원리를 끝까지 찾아 들어가는 학문이라고 보았음을 의미한다. 한편 일본의 경우, 1874년에 나온 <백일신론(白一新論)>에서 philosophia를 希哲學 혹은 哲學으로 번역하였다. 이후 西周라는 학자에 의해서 哲學이라는 용어가 채택됨으로써 동양 삼국에서 이 용어가 공용어로 사용하게 되었다.

둔 것으로, 법적(法的) 정의 역시 원래 신으로부터 유래하는 것(자연법 사상)으로, 경제법칙의 배경에도 '신의 보이지 않는 손'이 작용하고 있는 것으로 이해되었다.

18세기 후반의 산업혁명과 프랑스 혁명을 거치면서 과학적 합리성에 기초하여 자연계와 인간계가 재편성되면서 이성과 과학에 대한 자신감이 더욱 강해지게 되었고, 이후 계몽주의를 거치면서 철학은 신학이나 종교로부터 독립하여 독자 학문으로 발전하였다. 19세기 근대산업사회가 출현하면서 철학은 다시 인간의 본성과 지성을 향상시키기 위한 학문적 탐구로서 그 의미가 변화되기에 이르렀다. 이것은 중세 서구의 신분제적 봉건주의시대에 지배 사상이었던 '신(神) 중심주의 사상'이 근대 서구의 민주주의적 '인간 중심주의 사상'으로 바뀌면서 일어난 현상이었다. 칸트의 유명한 표현인 "나는 철학(Philosophie)을 가르치는 것이 아니라 철학하는 것(philosophieren)을 가르친다"[12]는 철학의 이러한 변화된 기능을 잘 보여준다고 할 수 있다.

2. 철학의 출발

인간은 태어나면서부터 특정 세계 안의 구체적인 존재로 살아가기 때문에 그의 사유 역시 자신을 포함하는 가장 일차적이고도 친숙한 세계

12) Philosophie은 명사이고 이것을 동사형으로 바꾼 것이 philosophieren으로 구체적이고 실제적인 철학활동을 의미한다. 그러나 이때 철학을 한다는 것이 무슨 특별한 삶을 산다거나 무슨 거창한 진리를 발견하기 위해서 사변적인 학문에 전념하라는 것을 의미하지 않는다. 단지 일상의 삶 속에서 자신을 둘러싸고 있는 모든 것에 대해서 철학적 사유, 즉 끊임없는 물음과 비판의식 그리고 반성적 의식을 지속하라는 것이다.

를 대상으로 시작한다. 최초에는 무슨 특별하거나 체계적인 지식이 필요하지 않겠지만 세계 안에서 자연과 혹은 타자와 더불어 살아간다는 것을 인식하면서 인간은 나름대로 이러한 상황에 대한 이해와 대처 방식을 추구하게 된다. 이러한 인식적 과정에서 가장 중요하게 작용하는 것이 바로 인간의 본질적인 속성인 '공포심'과 '경이감' 그리고 '신비감' 등이다.

사람들은 자신이 처음 경험하거나 쉽게 설명할 수 없는 현상들과 마주하게 되면 놀라움을 금치 못한다. 예를 들어 타인의 죽음을 직면하거나, 자신이 고통 속에 처하게 될 때, 자연의 예기치 않은 변화나 불규칙적인 현상을 볼 때 두려움이 엄습하면서 공포심을 느끼게 되는 것이다. 반대로 밤하늘의 총총한 별을 보거나, 푸른 초목과 거대한 대양을 바라볼 때, 혹은 자연의 규칙적인 운행을 바라볼 때 경이감과 신비감을 느끼게 되는 것이다.

그러나 공포심이나 경이감 그리고 신비감 등은 철학의 출발은 될지언정 철학 그 자체는 아니다. 플라톤의 말처럼 "경이가 철학자의 특성이 아니라 사색이 철학자의 특성이기에" 인간은 경이감이나 신비감 자체에 머무르지 않고, 이것이 호기심으로 바뀌면서 자신의 무지함에 대한 자각으로 연결되고, 마침내 일상적인 앎과는 구별되는 체계적인 앎을 추구하게 되는 것이다. 이처럼 인간에게 호기심, 경이감, 공포심 등의 본성이 있기에 이 세계에 대한 근본적인 질문이 가능하고, 원초적인 이해 역시 가능하다는 점에서 "사람은 경이로 인하여 철학을 시작 한다"라는 아리스토텔레스의 표현은 타당한 지적인 것이다.[13)]

13) 그리스 신화에 의하면 하늘의 신 우라누스(Uranus)와 땅의 여신 가이아(Gaia) 사이에 태어난 거인족 자식들 중에서 '경이(놀라움)'라는 뜻을 가진 타우마스(thaumas)가 있고 그에게는 이리스(Iris)라는 이름의 딸이 있었다. 이 이리스는 제우스와 헤라의 사신

이처럼 인간은 자신 앞에 놓여있는 대상에 대해서 어떤 방식으로든 생각하지 않을 수 없으며 여기에서 사유와 대상 혹은 의식과 존재라는 인식에서의 근본적인 요소가 등장하게 된다. 지식은 대체로 사유와 대상의 관계에 따라 결정되기 때문에 시대가 흐르면서 새로운 사유는 새로운 방법을 요구하게 되고, 새로운 방법 역시 새로운 대상을 필요로 한다. 이것은 철학적 사색의 목적이 역사적, 현실적 당면과제를 해결하는 데 있기에 그 방법과 상황이 현실과 결코 분리되어서는 안 된다는 것을 의미한다.

그런데 보다 중요한 사실은 이러한 사유과정에서 철학은 미리 어떤 것을 전제하지 않는다는 것이다. 그리고 철학의 이러한 무전제성은 철학 방법 자체가 철학의 문제라는 데서 기인한다. "철학은 어떠한 절차를 밟아야 하는가?"라는 질문은 오직 철학 자체를 통해서만 대답될 수 있다. 따라서 철학의 방법도 '밖으로부터 오는 것'이 아니라, 철학 자체의 물음에서 비롯된다.

미리 주어진 어떤 것도, 어떤 시발점도 인정해서는 안 되고, 어떤 전제된 믿음도 요구해서도 안 된다. 오로지 사실과 문제들로부터 출발되어야 한다. 대신 믿음 혹은 지식의 확실한 근거를 찾기 위해서 끊임없이 의심하라고 요구한다. 물론 여기에서 의심하라는 것은 아무거나 무조건 의심하라는 것은 아니다. 우리는 살아가면서 여러 가지 기본적인 믿음을 가지고 있다. 우리를 낳아준 부모님에 대한 믿음, 우리가 먹는 음식에 대한

으로 신과 인간 사이를 오가는 심부름을 했으며 그녀의 상징이 무지개(무지개는 그 뿌리를 한쪽은 땅에 다른 한쪽은 하늘에 두고 있다)였다. 이처럼 '경이'에서 출발한 타우마스의 딸 이리스는 땅과 하늘을, 인간과 신을, 시간과 영원을, 죽음과 불멸을, 현상과 초월을 연결하는 것이다. 이러한 신화적 표현은 경이에서 출발한 철학의 역할을 상징적으로 말해주고 있다.

믿음, 우리가 사귀는 주변 인물에 대한 믿음, 우리가 배우는 지식에 대한 믿음, 우리가 신앙하는 종교에 대한 믿음 등이 우리들의 생각과 행동에 전제되고 있다. 이러한 기본적인 사실조차 의심하면서 살아간다는 것은 현실 생활에서 사실상 불가능하다.

철학적으로 의심한다는 것은 이러한 일상적인 사실보다 우리의 삶에 보다 중요한 의미를 가지고 있는 어떤 지적 체계나 대상을 의심을 하되, 그 의심의 근거를 제시할 수 있어야 한다는 것이다. 그리고 여기에서 근거는 일상적으로 그것을 믿어오던 사람들이 수긍할 수 있는 것, 다시 말해서 여태까지는 그것에 대해서 의심하지 않던 사람조차도 이러한 의심을 통해서 새롭게 확인하게 되는 근거이어야 한다.

사실 철학적 의심의 대상은 다양하다. 과학적 진리의 근거에 대하여, 과학적 방법의 신빙성에 대하여, 종교적 신앙의 의미에 대하여, 관습적 도덕의 근거에 대하여, 예술적 판단의 기준에 대하여, 사회적 제도의 정당성에 대하여, 철학 자체의 주장이나 사상에 대하여 의심의 태도를 보일 수 있다. 나아가서 우리가 상식적으로 받아들이는 믿음, 권위적으로 받아들이는 믿음, 세인의 평가에 편승하여 안이하게 받아들이는 믿음이 모든 것을 의심할 수 있는 것이다.

3. 분열과 동요로서의 의심

의심한다는 것은 마음의 분열이고 동요이다. 분열은 고통을 가져오고 동요는 불안을 낳는다. 그러나 문제는 앎의 과정에서 이러한 분열과 동요는 피할 수 없다는 것이다. 물론 동물에게는 이러한 분열이나 동요가 없다. 인간에게만 주관과 객관, 사유와 대상, 자아와 외계, 정신과 물질 등의 이원적 대립이 가능하며, 이러한 대립구조 속에서 인간 특유의 의문과 사유라는 지적 작업이 가능한 것이다. 인간 지성의 이러한 특징은 우리 모두 익히 알고 있는 이른바 '낙원으로부터 추방'에서 상징적으로 이해할 수 있다.14)

구약성서 <창세기> 서두에 기술되어 있는 이 설화가 무엇을 의미하느냐에 대해서는 여러 가지 해석이 가능할 것이다. 그러나 인간이 지성을 가진, 즉 사유할 수 있는 존재라는 사실과 그 사유 능력이 인간의 운명과 깊은 관련성을 가지고 있음을 암시하고 있음은 부정할 수 없다. 체력이나 체질로 본다면 인간은 결코 자연 세계에서 가장 강한 존재가 될 수 없지만, 지성을 가짐으로서 마침내 이 지구 위에서 우월적 지위를 차지하게 된 것이다. 다시 말해서 모든 생명체 중에서 인간이 지상의 패권을 차지하게 된 것은 오로지 지적 능력의 결과라고 하여도 과언이 아니다.

동시에 인간은 하나님의 고귀한 선물인 지성을 과신한 나머지 죄를 범하게 되었고 마침내 낙원에서 추방되었다는 이야기는 인간이 생각할 수 있다는 것, 즉 그 사유능력이 인간을 위해서 반드시 유익한 것이 아님

---

14) 하나님은 에덴동산의 모든 열매를 마음대로 먹을 것을 허락했으나, 생명의 나무와 지혜의 나무 열매만은 반드시 죽음을 부르리라는 엄중한 경고와 함께 먹지 말라고 명령했다. 그러나 뱀의 유혹을 이기지 못하여, 여자가 지혜의 나무 열매를 따서 먹었으며, 남자에게도 그것을 주어서 같이 맛보게 된다. 이에 그들은 곧 눈이 열려 자기들의 몸이 벗었음을 깨닫고 무화과나무 잎을 함께 엮어 옷을 만들어 입었다. 이 광경을 바라본 하나님은 이미 좋음과 나쁨을 헤아릴 수 있게 된 인간이 다시 생명의 나무 열매까지 따서 먹고 영생을 누릴까 두려워한 나머지, 이들 두 사람을 에덴동산으로부터 추방하여 남자는 땀을 흘리며 땅을 갈게 하는 고통을, 여자는 출산의 고통을 겪게 하였다.(창세기 2 :16 - 3 :24)

을 잘 보여주는 것이다. 달리 말해서 인간의 지성은 매우 불완전하며 때로는 오류를 보여줄 수 있음을 잘 말해준다. 인간이 지성을 가졌지만 그 지성은 절대자의 그것처럼 완전한 것이 아니라, 한계를 가진 기능이라는 점에서 이러한 경고는 매우 의미심장하다고 할 수 있다. 따라서 '금단의 열매'라는 이 설화가 우리에게 전해주는 교훈은 이성과 지식이야말로 인간을 가장 인간답게 만드는 정신적 토대지만 사용여부에 따라서 인간에게 불행과 파멸을 가져올 수 있다는 것이다.

철학 역시 유한한 인간의 지성 나아가서 인간 자체의 유한성과 불가분의 관계를 가지고 있다. 즉 어떠한 철학적 사유나 사상 체계도 완벽할 수 없고, 역사적 상황에서 결코 벗어날 수 없는 시대적 한계를 가지고 있음을 정확하게 인식해야 하는 것이다. 특정 시대를 배경으로 형성된 사상과 이념을 모든 시대에 타당한 것처럼 주장하거나 강요하는 것은 이미 철학이 아니라 독단적(dogmatic) 이데올로기에 불과한 것이다. 인간에게 지성이 없었다면 철학은 없었겠지만, 이 지성이 하나님의 그것처럼 완전했더라도 철학은 없었을 것이다. 불완전한 것이 인간의 지성이기에 보다 나은 상태를 향해서 노력하지만, 결코 완벽에는 도달할 수 없음을 인식하는 것이 인간이 지적 교만에 빠지지 않는 지혜인 것이다.

4. 철학과 과학

상식(Gemeinsinn, common sense)은 일상생활에서 필요한 실용적인 지식을 가리킨다. 태양이 동쪽에서 떠서 서쪽으로 진다는 것은 하나의 상식으로서, 우리는 이 상식에 의하여 아침에 일어나 활동하다가 저녁이 되면 집에 돌아와 휴식을 취하게 된다. 그런데 일상생활에서 필요한 이러한 상식은 대체로 단편적이고 개별적이기에 주관적이고 비합리적인 지식의 경우가 많다. 이처럼 비체계적이고 깊이가 없는 지식이기에 사람들은 상식보다 좀 더 객관적이고 합리적인 그리고 체계적인 지식을 요구하게 되는데 이것이 과학(science)[15]이다. 과학이란 우리가 현실에서 일상적으로 친숙하게 경험하고 있는 영역을 인식 대상으로 삼되 그 대상에 적합하고도 독특한 방법을 통하여 보편적이고 통일된 원리를 규명하는 지적 작업인 것이다.[16]

예를 들어서 과학은 상식에 부합되는 천동설을 반대하고 지동설을 주장하면서 태양이 지구 주위를 도는 것이 아니라, 지구가 태양 주위를

---

15) 과학은 좁게는 자연과학을 의미하지만 넓게는 학문전체를 아우르는 개념이다. 이런 의미에서 분과학문(分科學問)의 줄인 말인 과학(科學)은 자연의 부분 영역을 다루는 자연과학과 인간의 행위와 창의에 의해서 형성된 문화를 다루는 문화(정신)과학으로 나누어지며 문화(정신)과학은 다시 인간 정신의 표현이며 작품으로서의 역사, 언어, 예술 등을 다루는 인문과학과 사회 및 경제의 구조와 법칙을 다루는 사회과학으로 나누어진다. 이렇게 볼 때 '앎', '지식' 혹은 '학문'을 포괄적으로 의미하는 'sophia', 'episteme', 'scientia', 'science', 또는 'Wissenschaft'를 일률적으로 '과학' 혹은 '자연과학'으로 번역하는 것은 개념상 많은 문제를 동반할 수 있다.

16) 과학의 의미에 대해 좀 더 세분하여 살펴보면 세 가지 정도의 특징이 있다고 볼 수 있다. 첫째는 지식의 성장(growth of knowledge)이다. 과학은 그 쌓여진 지식에 의해 발전한다. 과학에 있어서 과학사라고 하는 것이 큰 비중을 차지하지 못하는 것은 이러한 이유 때문이다. 즉 과거에서 지금까지 쌓아진 최신의 이론만이 가치 있는 것이기 때문에 과학은 그 연구의 업적들을 계속해서 쌓아 올라가고 있다. 둘째는 객관성이다. 과학은 그의 실험과 검증을 통해 얻어진 사실들만을 진리로 인정한다. 셋째는 예측성과 설명성(prediction and explanation)이다.

이와 같은 과학에 대해서 아직도 철학의 영역은 남아있을지가 근·현대 이후 많은 철학자들에게 관심의 대상이었다. 오랫동안 과학이나 수학의 영역에서 쌓아올린 업적에 비해 철학이 지니는 가치는 그 객관성에서 떨어지고 그 의미에 있어서도 불명확한 것으로 생각되어졌기 때문이다.

돌고 있다고 말하였다. 이러한 지적 논의는 상식의 실재성을 벗어나서 지식의 독자성을 주장하는 정신으로부터 비롯되며, 이런 측면에서 과학은 실증적 정신과 합리적 정신에 기초하되 어디까지나 자유로운 사유를 함으로써 가능한 것이다. 이처럼 개인적인 상식에 만족하지 아니하고, 조직적이고 체계적이며 사회적인 그리고 객관적인 지식을 추구하기 때문에 과학적 지식(scientific knowledge)은 상식보다 우월하다고 판단되는 것이다.

이런 점에서 과학은 철학과 많은 공통점을 보여준다. 과학과 철학은 둘 다 진리에 관한 열정에서 출발하며 탐구적이고 반성적인 태도에 의해 성립된다. 과학은 세계의 특수한 면을 기술하는 제한된 관심 분야에 머무르지 않고, 세계 전체를 체계적인 용어로 설명하려고 한다. 관찰과 실험을 통해서 특정 사실을 설명한다는 점에서는 방법상에서 철학과 차이를 보여주지만, 궁극적으로 포괄적인 이론을 통해서 자연세계를 설명하려고 한다는 점에서는 철학과 유사하다. 철학 역시 깊은 사색을 거쳐 자연과 인생에 관한 근본적인 문제를 다루고 있으며 존재 그 자체, 가치 전반을 사변적인 언어를 통해서 표현하고 있다.

그러나 과학적 지식이 오류가 없는 완벽한 지식은 아니다.[17] 과학적 지식이 체계적이라고는 하나 그것은 어디까지나 자연 현상의 한 부분을 설명하는 것이기에, 전 우주 혹은 전 인생에 관한 지식이 아니라 자연현상이나 문화현상의 부분적인 범위에 국한된 체계적인 설명방식에 불과한 것이다. 특히 과학은 이론의 중립성 혹은 몰가치성을 주장함으로서 당위적 해답이 요구되는 문제에 대해서 침묵할 뿐이다.[18] 따라서 모든

17) 과학적 지식이란 확실히 옳다는 것은 결코 증명할 수 없고, 다만 확실히 잘못되어 있는 것만을 증명할 수 있을 뿐이다. 즉 과학 이론은 어디까지나 '작업가설'인 것이다.

현상을 전체적으로 체계화하는 통일적 지식을 요구하게 되는 인간의 요구에 부응하는 학문은 오로지 철학뿐이다. 철학만이 전문화되고 개별화된 과학을 통일할 수 있기에 철학은 과학 이상의 학문, 즉 과학의 기초가 되는 근본학이 되는 것이다. 즉 과학은 특수적인 것을 대상으로 하는 특수학(scientia particularis)인데 반해서, 철학은 전체적인 것을 대상으로 하는 보편학(scientia universalis)이라고 할 수 있다. 예를 들어 과학혁명과 근대 계몽주의 이래로 실증주의는 모든 학문의 방법론에 지대한 영향을 끼쳤다. 실증주의자들은 목적론적 설명 혹은 기능적인 설명을 인과적 설명의 불완전한 형태로 간주하며, 인과적 설명으로 환원될 수 있어야 진정한 지식 혹은 학문으로 인정하였다. 인간 역시 자연현상의 일부인 이상, 자연현상에 적용된 과학적 방법이 인간에게도 적용될 수 있다고 보았다. 자연적 현상이라는 점에서 인간은 돌멩이처럼 물리적인 속성을 지니고 있고, 자연현상과 마찬가지로 인과론적 분석의 대상이 될 수도 있다는 것이다.

그러나 인간을 오로지 자연적 사실로만 본다면 인간이 가진 고유성을 간과하게 된다. 인간에게는 물리적인 성질뿐만 아니라, 정신적인 요소도 있다. 이 점에서 기계적인 설명 이상으로 목적론적인 설명이 불가피하다. 이처럼 자연주의적 태도는 모든 정신적이며 관념적인 대상들마저 자연화하고 물질화함으로써 인간의 사고 작용의 산물인 관념적인 의미체도 사실적인 내용으로 간주될 뿐만 아니라, 인간의 영혼도 물리적 자연의 일부로 파악된다. 이러한 방법론은 결국 인간의 정신적인 소외와 인류문화의 위기의 원인이 될 수도 있다.

---

18) 이렇게 볼 때 우리가 살아가는 세계에서 존재적 차원이나 당위적 차원에서의 해답을 과학을 통해서는 얻을 수 없는 것이다.

근대 학문방법론에서의 제기된 이러한 문제들을 논의하는 것은 철학의 중요한 임무인 것이다. 따라서 철학은 과학에서 문제시하지 아니하는 존재와 생명의 궁극적 의미까지 해결하려는 점에서 초과학(超科學)이 된다. 철학은 끊임없이 과학의 기본가정들에 의문을 품고 사물의 기본적인 본성과 의미를 지속적으로 문제 삼음으로써 과학적 지식의 근거를 규명하고 확립할 수 있다. 결국 과학은 철학적 사유와 비판을 전제로 해서 그 학문적 입장이 확립되기에 철학은 학문의 학문, 과학의 과학 혹은 지식의 지식이라고 부를 수 있는 것이다.

5. 철학과 종교

종교는 인간이 자신의 무력함과 무지를 통감하면서 절대자를 전적으로 신뢰하여 신앙하면서 헌신하는 것을 가리킨다. 인간이 상대적이며 유한하며 무력한 존재라는 것을 절실하게 인식하는 한, 절대적이며 무한하며 전능한 존재를 갈망하는 심성은 인간의 가장 중요한 본성 중의 하나일 것이다. 신이라 불리는 이러한 존재에 대한 절대적 신앙은 대부분의 종교에서 일종의 무상명령으로서 이 심성의 표현이 구체화되고 의식화되는 것이 종교적 교리와 제의라고 할 수 있다. 이렇게 볼 때 종교 역시 철학처럼 특정 제의와 교리를 통해서 현실 전체를 해석하려는 인간의 실천적 지식의 한 형태라고 볼 수 있다.

그러나 상대적 존재가 절대적 존재를 합리적으로 인식한다는 것은 애초부터 불가능한 일이기에 종교는 철학이 말하는 이성적 방법 대신 직관적이고 비합리적인 방식으로 신을 이해하려고 한다. 중세의 교부

철학자 테르툴리아누스가 "불합리하므로 나는 믿는다"라고 한 것은 적어도 신앙의 측면에서는 지당한 명제다. 사실 모든 것이 합리적으로 설명될 수 있다면 신앙은 불필요하게 될 것이다. 이리하여 신비적이고 불가사의한 신적 존재를 알기 위하여서는 이성이 아닌 신앙이 요구된다는 것이다. 안셀무스가 "알려고 나는 믿는다"라고 한 말 역시 정당한 신앙고백이다.

종교가 자신이 종속되어 있다고 느껴지는 절대자에 대한 복종적 태도를 의미하기에 이성, 합리성, 논증 대신 신앙, 헌신, 예배를 강조하며 이것은 종교가 어떤 사물에 대한 지식 또는 이해를 넘어서는, 다시 말해서 합리적 사변을 넘어서 개인적 책임과 행동의 영역으로 바뀌는 지점에 있음을 의미한다. 여기에서 종교의 근본 요소의 하나로서 인간이 자신의 실존적 관계 안에서 갖고 있는 강력한 확실성을 확인할 수 있다.

이에 반해서 철학의 목적은 헌신이나 구원에 있지 않기에 신앙과의 신비적 일치 대신 이성과 합리적 이해를 요구한다. 나아가서 철학은 종교의 기본적인 개념과 여러 가정에 대해서 세밀하게 분석하고 끊임없이 비판하고 검토할 것을 요구함으로써 종교적 전제나 물음들을 지적으로 재음미하고 개방시키고자 노력한다. 종교가 절대자를 정의(情意)로써 파악하려는 데 대하여 철학은 이성으로써 파악하려는 것이다. 그러므로 헤겔은 "종교나 철학이나 모두 최고의 진리를 그 대상으로 삼는다. 단지 종교는 표상의 형식으로, 철학은 개념의 형식으로 진리를 파악하는 것이다"라고 하였다.

종교나 철학은 절대자를 파악하는 과정에서 내용상의 차이뿐만 아니라, 형식상의 차이를 보여준다. 종교는 대체로 집단적이고 권위적인데 반해서, 철학은 개인적이며 비권위적이라고 할 수 있다. 종교는 단체를 이루고 있으며, 신은 권위로써 신앙공동체에게 복종을 요구한다. 그러나 철학은 비교적 개인적 색채가 농후하며 철학적 진리는 권위가 아닌 자유로운 사유과 논쟁을 통해서 교환된다. 우리는 철학의 진리를 발견하면 개인적 차원에서 진리를 따라 행할 뿐이다.

종교가 공동체적 삶을 통해서 유한적 존재인 인간이 무한적 존재인 절대자와 합일하려는 과정이라면, 철학은 그것을 개인적 차원에서 합리성과 비판적 사유를 통해서 절대로 자각 혹은 인식하는 과정이다. 결국 종교가 체험에 중점을 둔다면, 철학은 개념에 중점을 둔다고 할 수 있다. 물론 철학은 이러한 초월의 본질과 그 의미를 연구함으로써 지적으로 성숙해 가며, 종교적 확신 역시 초월의 본질과 그 의미를 철학적으로 정당화함으로써 그 교의적 체계를 구축할 수 있다.

역사적으로 볼 때 위대한 종교는 늘 냉정한 철학적 반성을 요구하였고, 위대한 철학은 풍요한 종교적 내용을 가졌다. 이렇게 볼 때 철학이 없는 종교는 비합리적인 광신이나 우상숭배로 전락하고, 종교가 없는 철학은 공허한 언어적 추상에 불과한 것이다. 종교와 철학이 인간의 삶에 진정한 의미를 가지기 위해서는 이러한 상보적 기능을 결코 거부해서는 안되는 것이다.

6. 철학과 예술

표면적으로는 예술과 철학은 별로 상관관계가 없는 것 같다. 예술가는 어떤 소재의 미적 감흥, 분명한 형태의 쾌감, 정서적인 공감 등에 관심이 있고, 철학은 합리적 관점에서 어떤 이념을 논리적으로 전개하고 이해시키는 데 관심이 있다. 양자의 관심 영역의 차이 못지않게 사용되는 용어나 수법 또한 매우 다르다. 시인은 구체적인 영상을 정서적 언어를 통해서 그려내지만 철학자는 논리적 언어를 통해서 보편적이고 추상적인 이론을 전개한다. 예술가도 나름대로의 논리를 가지고 있기는 하지만 그것은 예술적 소재를 전개시키는 논리이거나 또는 분위기를 조화시키는 논리일 뿐, 철학자가 사용하는 추상적이고 합리적인 논리가 아니다.

따라서 예술가는 생생하고, 감각적인 형상을 창조하지만, 철학자는 감각적인 대상의 강조나 정서적인 표현에 관심을 기울이지 않고, 전체의 구조 즉 진리의 구조에 전념한다. 시인과 화가도 철학자와 마찬가지로 우리의 시선을 대상으로 향할 것을 요구하지만, 그 대상이 철학자가 궁극적으로 관심을 가지는 영원한 존재라든가, 사고의 정확성 혹은 궁극적인 가치 등의 대상과는 다를 수밖에 없다.

이리하여 예술가들은 예술의 철학적 고찰인 미학(美學)의 무용성을 강조하면서 이러한 지적 노력을 쓸모없는 것이라고 배척하는 경우가 많다. 예술이란 어디까지나 영감(inspiration)에 의존하는 순수하고도 정서적인 활동이기에 철학 혹은 미학이 예술의 목적이나 창작의 근본원리 같은 것을 추상적 개념에 의하여 설명하려는 것은 예술에게 아무런 유익을 주지 못한다는 것이다. 이러한 이론에 대한 거부반응은 취미란 어디까지나 개인적 영역이니만큼 이론적 접근은 무용지물이라는 생각과, 지적 활동이란 예술적 상상을 위해서는 별로 유용하지 않다는 생각에서 비롯되는 것이다.

그러나 예술이 개성적 요소를 가지고 있지만, 전적으로 순수한 개인적인 것이라고 보는 것은 정당하지 않다. 아무리 독창적인 예술가라도 창작에 있어서는 한 시대가 요구하는 일정한 예술적 법칙과 결합해야 한다.

동시에 예술도 철학과 같이 전문인의 독점물이 아니며 모두에게 개방되어야 하기에 예술을 사랑하는 일반 대중 역시 체계적이지는 않지만 예술에 관한 의견을 서로 피력할 수 있다. 사실 예술품은 창작자 자신을 위해서 존재한다기보다 이를 감상하고 즐기려는 수용자를 위해서 존재하는 것이다. 따라서 예술을 사랑하는 일반 대중들은 예술에 대한 기본적인 이해를 소유하고 있으며 철학자들 역시 이러한 감상자의 위치에서 지적 작업을 출발하는 것이다.

철학자들은 진리를 논할 때 아름다움과 예술의 문제를 자주 논의하고, 예술가들도 자신의 예술적 관점을 이론으로 표현하기도 한다. 그리고 예술은 인간 생활 전체를 포괄하는 것이기에 자체의 고유한 목적을 위해서 예술 특유의 표상으로 인간의 정서를 함양시켜준다고 할 수 있다. 이처럼 예술과 철학은 서로 유사하며 서로 상관적인데 그 이유는 예술가가 주제를 선택하고 소재를 선정함에 있어서 가장 중요한 목적은 인생과 존재에 대한 해석이며 이런 차원에서 예술가의 직접적이고 상상적인 표현이 철학자의 작업과 동일한 것이다.

칸트는 "내가 어떤 것을 아름답다고 평가하는 미적 판단에서 중요한 것은 내가 한 대상을 즐겁게 바라보고 평가하는가의 문제가 아니라, 거기에서 내가 느끼는 그 즐거움의 보편타당성"라고 주장하였다. 즉 예술품은 보편타당하게 아름다우며 그래서 개인적 취향의 임의성을 넘어서서 자신을 객관적으로 드러낸다. 헤겔 역시 "예술품의 감각적인 것은, 그것이 감각적인 것으로 그 자체를 위해 존재하지 않고 인간정신을 위해 존재하는 한에서만 실재를 가져야 한다"고 주장한다. 즉 재료로서의 감각적인 것은 그냥 표현이며 겉모습이고 거기에서 정신적인 것이 갖추어질 때 진정한 예술품이 되는 것이다.

이처럼 예술품은 진리를 감각적인 형상의 형태로 드러내야 한다. 이리하여 내용(이념, 정신)과 형식(감각, 재료)이 완전히 조화될 때 예술품은 완성에 이르게 된다. 따라서 예술 역시 종교나 철학처럼, 인간이 스스로를 이해하고 세계를 해석하며 세계를 뛰어 넘은 초월로 이행하는 데 있어 근본적인 역할을 하고 있음을 알 수 있다. 철학이 감각적인 것에서부터 출발하여 인간의 자기이해, 세계해석, 초월이라는 과정을 이성과 개념의 수단으로 이행하는 반면, 예술은 이 과정을 감성과 직관으로 성취한다. 결국 철학적 진리는 이성적 논증의 엄밀성과 객관성에, 예술의 진리는 표현의 풍부함과 완전성에 있는 것이다.

7. 철학의 분야

철학은 전통적으로 크게 세 가지 영역, 즉 형이상학(形而上學), 인식론(認識論), 가치론(價値論)으로 구분되었고 현대에 이르러 여기에다가 방법론(方法論)이 추가되기도 한다.

형이상학(metaphysic)은 불변하는 참된 실재를 밝혀내려고 하는 분야라고 할 수 있다. 여기서 불변하는 참된 실재란 사람의 마음 밖에 존재하는 영원한 그 무엇이다. 이것을 철학에서는 본질(essence) 혹은 실체(substance)라고 한다. 이러한 실체를 제대로 알기 위해서는 부단한 노력이 필요한데 이때 가장 요구되는 것이 감각이 아닌 이성, 즉 투명하고 합리적인 사유능력이다. 한편, 참된 실재를 무엇으로 보느냐에 따라 의견이 대립되는데 이것은 유심론과 유물론 혹은 관념론과 실재론의 대립으로 나타난다. 그리고 정신이나 물질 하나만 가지고 세계의 존재 전부를 설명할 수 없기에 이 두 가지를 모두 인정하는 이원론이 나타나게 된다. 근대에 접어들면서 인식론의 발흥으로 인해서 한 때 형이상학은 크게 위축되었으나 20세기를 거치면서 다시 형이상학은 존재론의 모습으로 부흥되고 있다.

인식론(epistemology)은 참된 지식이란 무엇인가를 규명하는 분야이다. 이것은 달리 말해서 우리가 안다는 것이 무엇이며, 그 안다는 것은 정당성은 어디에 근거하는가를 따지는 분야라고 할 수 있다. 사람에게 이성이라는 특별한 인식 능력이 갖추어져 있기에 플라톤과 아리스토텔레스 이래로 많은 철학자들은 이를 통해서 참된 지식을 얻을 수 있다고 주장하였다. 그렇지만 일반적으로 인식론의 진정한 출발은 근대철학에서 찾는다. 자연과학의 발달은 전통적 철학의 주제였던 형이상학을 회의하게 하였고 이때부터 경험과 이성이라는 가장 구체적이고 실제적인 인식영역이 철학의 참된 주제로 대두되었다. 그러나 20세기에 접어들면서 양차대전을 통해서 인류는 근대 과학기술의 폐해를 절감하였고 이 과정에서 인식론은 그 영향력을 상대적으로 상실하게 된다.

가치론(axiology)은 사람이 살아가는 데 가장 중요한 가치를 다루는 분야이다. 서양의 경우, 플라톤 시대 이래로 진(眞), 선(善), 미(美)가 가장 중요한 가치를 대변하였고 여기에 성(聖)이 추가되기도 한다. 그리고 이 영역은 논리학, 윤리학, 미학 그리고 종교철학 등의 학문이 각 분야를 담당하였다. 그러나 이 중에서 논리학은 방법론에 포함되기도 한다. 한편, 선과 미라는 가치적 대상이 우리들의 정의(情意)나 욕구를 떠나서 객관적으로 존재하는 것이 아니라는 사실, 다시 말해서 제각기 상이한 관심, 취미, 이해, 욕망 등에 따라서 동일한 대상이라도 달리 본다는 사실 때문에 철학적 논쟁의 대상이 된다. '무엇이 본질적으로 가치가 있는가?'

라는 질문에 대해서 각 개인은 다양한 답을 제시하게 되며, 우리의 주관적인 요구나 태도에 따라서 추구하는 가치도 여러 종류가 있기에 대체로 가치론은 이성적 영역보다는 정의적 영역으로 인정된다.

끝으로 방법론(methology)은 철학적 인식과 실천적 행동의 방법에 대한 연구를 과제로 삼는 이론을 의미한다. 방법이라는 용어는 철학과 개별 과학뿐 아니라 일상생활에서도 자주 쓰이는데, 이때의 방법이란 주어진 목표를 달성하기 위한 확실한 지적 절차를 의미한다. 이리하여 과거와 현재의 모든 중요한 사상가나 과학자는 자신의 고유한 방법론적 연구 또는 방법론적 사고를 보여준다. 그러나 철학에 국한되는 경우, 대체로 논리학과 해석학, 현상학, 마르크스주의와 비판이론, 구조주의와 기호학 등이다. 그리고 이러한 방법론은 타학문과의 교류를 통해서 철학 외부에서도 더욱 다양하게 확장되는 추세를 보이고 있다. 그러나 이러한 방법론 중 논리학은 흔히 철학과 독립된 영역으로 다루어지며, 다른 분야는 현대철학과 여러 면에서 중첩된다는 점에서 설명을 생략하기로 한다.

제 2 장 형이상학이란 무엇인가?

1. 형이상학(形而上學 metaphysics)의 의미

형이상학은 '존재자로서의 존재자' 즉 존재 자체 혹은 존재일반에 대한 탐구이다. 흔히 실체(substance)라고도 불리는 이 존재 자체 혹은 존재일반은 개별적인 존재자들을 존재하게 하는 것, 다시 말해서 현상으로서 개별적인 존재 배후에 있으면서 이 존재자를 있게 하는 본질로서의 존재적 근원을 의미한다. 우리는 사물을 바라볼 때, 그냥 변화하고 소멸하는 '나타난 대로'가 아니라, 그 현상의 배후에 불변하면서 영원히 있는 '있는 그대로'를 꿰뚫어 보고자 하는 충동을 느낀다. 이리하여 "눈앞에 나타난 무상한 모든 것 뒤에 불변하는 그 무엇이 있는가?", "무한한 우주는 도대체 무엇으로 되어 있는가?", "유한한 삶의 끝에는 무엇이 기다리고 있는가?" 등의 질문을 제기하게 된다.

따라서 형이상학이란 존재하는 모든 것을 나타난 대로가 아니라 자연, 곧 경험 대상 총체를 넘어서는 것, 다시 말해서 '감각적인 것 너머의 것'을 이성의 눈을 통해서 있는 그대로 보고자 하는 지적 탐구이다. 이것은 결국 '초감성적인 것, 바꿔 말하면 자연 저편 넘어(tà metà tà physicà)에 관한' 학문이다. 이런 뜻에서 아직 '철학'이 과학과 구별되기 전, 모든 학문적 주제는 형이상학적 주제였다고 해도 과언이 아니다.

그러나 이러한 요구에 응하려면 우리는 눈에 보이는 구체적이고 감각적인 것 이상의 무엇을 볼 수 있는 이른바 '이성과 초월의 눈'을 가져야 한다. 이렇게 볼 때 우주, 인간, 신 등의 실체를 파악하려는 형이상학적 관심은 어떤 의미에서 이성을 초월한 종교적 차원의 요구와 같다고 볼 수 있다. 이러한 차원에서 객관적 존재 이상으로 초월적·종교적 세계에 대한 관심이 지대한 인간에게 형이상학에 대한 요구는 너무나 지당하며 형이상학적 주제가 철학사의 중심 문제가 된 것 역시 자연스러운 일이다.

형이상학이 우주 전체를 하나의 통일된 체계로 파악하면서 존재하는 모든 것의 구조와 본질에 대하여 설득력 있는 설명을 제시하려고 한다면, 이러한 탐구는 하나의 세계관을 제시하는 것과 유사한 작업이라고 할 수 있다. 그리고 철학이 일정한 세계관을 전제하고 시도되는 것이라면 형이상학은 철학의 가장 근본적인 분야이며, 철학 그 자체라고도 할 수 있다. 철학의 분야 중에서 형이상학을 우선적으로 검토해야 하는 이유가 바로 여기에 있다. 그리고 전통적으로 형이상학에 대한 이해가 역사적 전개과정을 통해서 이루어지는 이유도 여기에 있다.

2. 형이상학의 전개

1) 원질과 물활론

쇼펜하우어가 말한 바와 같이 인간은 형이상학적 동물이다. 따라서 형이상학이라는 용어가 비록 아리스토텔레스 사후 특정한 역사적 기원에 의해 생긴 말이지만[19] 형이상학적 사색은 철학의 역사와 더불어 이전부터 있어 왔다. 최초의 형이상학적인 연구였던 고대 그리스 자연 철학에 따르면 자연(physika)이란 참으로 있는 존재를 말한다. 참된 존재는 모든 존재자의 근거와 기준이 된다. 따라서 참된 존재인 자연의 탐구는 인간을 포함한 세계에 대한 올바른 이해를 추구하는 것이다. 이때 자연의 이해는 바로 세계와 삶 속에서 올바른 판단과 행위를 위한다는 실천적인 목적을 갖는다. 자연철학 이전에도 삶의 준거가 되는 참된 존재, 즉 자연에 대한 논의는 있었다. 고대 그리스의 경우 신화는 철학 이전에 참된 존재인 자연에 대하여 말하고 있으며, 동양에서는 인도의 베다(Veda) 신화에까지 이러한 주제를 소급할 수 있다.

그러나 이러한 신화를 넘어서 철학이 등장한 가장 큰 이유는 신화적 설명이 시대적 상황에 의해서 설득력을 잃어버렸기 때문이다. 생산양식

---

19) 형이상학이라는 말은 메타피직(Metaphysik)의 번역어이다. 메타피직이라는 말의 원어는 그리스어의 타 메타 타 피지카(ta meta ta physika)이다. '메타'라는 말은 '뒤(後)'의 의미이고, '피지카'라는 말은 자연학(自然學)이라는 말이다. 형이상학(Metaphysics)이란 말은 고대 그리스 철학자 아리스토텔레스의 저서에서 유래한다. '메타피지카'라는 말이 아리스토텔레스의 유고 편집의 순서에 그 기원을 두고 있기 때문이다.

B.C 1세기 안드로니코스가 아리스토텔레스의 저서 가운데 14권을 자연학(Physcis) 다음으로 분류하여 그 명칭을 ta meta ta physika라 하였는데 이 14권의 저술에 대해서 아리스토텔레스 자신은 예지(sophia) 혹은 제일철학(prote philosophia)이라 하였다. 그런데 시간이 흐름에 따라 '다음'에 혹은 '뒤에'라는 meta의 뜻은 '위에(supra)', '넘어서(trans)'라는 라틴어의 뜻을 가지게 되었다. 그런 뜻에서 중세 신학자 토마스 아퀴나스는 "metaphysica는 곧 transphysica를 일컫는다"라고 말한 바 있다. 이처럼 중세에 이르러 아베로이즈와 토마스 아퀴나스 등에 의해 형이상학(metaphysica) 혹은 초자연학(transphyscia)라는 명칭으로 사용되었다.

한편, 메타피지카를 형이상학으로 번역하게 된 계기는 <주역>의 계사 상(繫辭上)편 제 12장에 있는 "형이상자 위지도, 형이하자 위지기"(形而上者 謂之道, 形而下者 謂之器)라는 구(句)에서 비롯되었다. 여기에서 형이상이라는 말이 유형의 것, 즉 형태가 있는 경험적인 현상을 의미하는 기(器)에 대하여 그것을 초월하는 본질의 근거가 되는 초경험적 실체, 즉 무형의 것을 의미하는 도(道)를 가리키는 까닭에 차용하여 번역한 것이다. 그리고 이러한 차용과 번역은 근대 초의 일본 학자들에 의해서였다.

과 사회적 구조의 변화, 이로 인한 지성의 진보 등으로 인해서 이러한 신화적 설명에 더 이상 만족하지 못하는 당시 사람들이 자연에 대한 좀 더 합리적인 설명방식을 요구하였기 때문이다. 이리하여 자연적 존재에 대한 최초의 철학적 탐구로서 자연철학은 자연과 그 배후에 존재하는 진정한 존재에 대한 합리적 논의를 시작하게 되었다.[20] 이리하여 고대 그리스 철학자들의 형이상학적 대상은 일차적으로 자연적 존재가 되었고, 이 자연 세계에 대한 근본적 실체를 파악하려는 것이 바로 자연철학이었다.

기원전 600년경, 철학의 시조라 불리는 그리스의 철학자 탈레스는 처음으로 우주의 근원적 물질, 즉 원질 (arche)이 무엇인지를 물었고 이에 대한 대답으로 물(水)을 제시했다. 탈레스는 이 문제를 제기하고 그 해답을 구함에 있어서 신화나 시인들의 영감(靈感) 등에 호소하지 않고, 오로지 자연현상만을 면밀히 관찰하고 명석한 분석만을 사용하여 그러한 결론에 도달하였다.[21] 이어서 아낙시만드로스는 근원적 물질을 '무규정자(apeiron)'라고 하였고, 아낙시메네스는 탈레스의 물과 아낙시만드로스의 무규정자를 절충하여 공기라고 하였다. 피타고라스는 수(數)라고 하였으며, 파르메니데스는 일자(一者)라고 하였다.

그러나 물질의 하나인 물, 불 공기 등이 독자적으로 존재하거나 추상

20) 그리스 철학에서 신화적 사유로부터 철학적(이성적) 사유에로의 전환은 경제적 교역을 통한 자유로운 왕래와 여행의 결과였다. 그리스인들은 무역과 교류를 통해서 이웃나라에 대한 다양한 지식을 습득하게 되었고 이를 통해서 자신들의 신화적 사유와 원시적 사고의 한계를 인식하게 되었다.

21) 탈레스는 물에 열을 가하면 수증기가 되고, 수증기는 더운 바람이 되므로, 이것이 어떻게 변화하면 영혼이 될 수 있다는 결론에 도달하였다. 특히, 그는 사람의 몸이 거의 수분으로 되어 있다는 사실을 중시하였고, 물이 모든 생명체에 중요한 역할을 한다는 사실, 그리고 대륙이 광활한 바다에 둘러싸여 있다는 사실 등을 주시하였다.

적인 수가 모든 물질의 근원이 될 수 없기 때문에 여기에 반대되는 여러 입장이 나오기 시작하였고, 마침내 엠페도클레스에 이르러 원질 즉 아르케는 물, 불, 공기, 흙 등의 네 가지로 고정되었다. 한편, 데모크리토스는 이 원질을 원자(原子, Atom)라고 함으로써 고대 유물론의 창시자가 되었다. 여기에서 중요한 것은 이들 자연철학자들이 제시한 물질적 요소들보다, 만물을 구성하고 있는 물질이 무엇인가를 합리적으로 질문하면서 이러한 결론에 도달하기 위한 나름대로의 실험과 추리의 과정이다. 다시 말해서 이러한 존재에 대한 질문과 해답을 호메로스의 신화나 아폴로의 신전에서 구하지 않고 오로지 관찰과 논증에서 구하였다는 사실이다.

아직도 완전하게 신화적 요소에서 벗어나지 못한 이러한 설명은 현대 과학의 관점에서 볼 때 완벽한 것이 되지 못한다. 그렇지만 이러한 설명이 특정한 한계에 머물 수밖에 없었던 것은 당시 자연철학자들의 탐구 주제였던 참된 존재로서의 자연은 어디까지나 신적 존재였기 때문이다. 아리스토텔레스가 존재에 대한 탐구인 형이상학에 신학을 함께 다룬 것은 이러한 전통을 따르고 있다.[22] 이러한 관점을 물활론(物活論, hylozoism)이라 하는데 이를 쉽게 말한다면 자연을 영원히 살아 움직이는 생명으로 파악한 것이라 할 수 있다.

자연의 이러한 운동성과 생명력은 끊임없는 생성과 소멸을 의미하는 것이다. 그리고 이것으로 인해 다양한 존재자들이 가능하게 된다. 그리스 자연철학자들의 존재에 대한 기본적 전제는 바로 이와 같은 자연의

---

22) 고대 그리스인들이 자연을 신적이라고 하는 것은 무엇을 의미하는가? 자연을 의미하는 피지스(physis)의 어원을 살펴보면 쉽게 알 수 있다. physis는 원래 동사 '피오(phio)'에서 파생한 명사이다. phio는 낳다, 성장시키다, 나타나다, 발현하다, 야기하다, 빛을 보게 하다 등의 의미를 가진다. 따라서 피지스는 모든 존재자들을 드러내는 근원적인 힘을 총칭한다.

변화 가능성, 혹은 운동성이다. 이들이 이러한 전제에 기초하였기 때문에 자연에 대한 탐구는 자신들의 눈앞에 펼쳐지는 "현재와 같은 다양한 모습의 세계"를 해명하는 것이 된다.

2) 변화와 불변

밀레토스 학파가 질료(matter)의 방식으로 자연을 설명하고자 하였을 때 "만물은 끊임없이 흐른다(panta rhei)"라는 말로 이 전제를 다른 차원에서 강조하였던 사람이 헤라클레이토스였다. 밀레토스 학파가 제시하였던 물, 아페이론, 공기가 참된 존재인 자연이라면 이러한 것들이 하나로 고정되어 있어서는 안 된다.[23] 따라서 헤라클레이토스는 아낙시만드로스의 '다(多)의 조화로운 공존'에 반대하였다. 피타고라스가 형상(form)의 방식으로 제시한 수(number) 역시 마찬가지의 지적을 받을 수 있다. 세계의 다양함은 결코 하나의 원인으로 설명될 수 없다. 왜냐하면 그것은 자연이 아닌 것으로 자연을 설명하고자 하는 것이기 때문이다.[24]

이것은 비단 자연뿐만 아니라 인간 세계에도 마찬가지다. 인간이 공존하기 위하여 수많은 제도와 규범, 관습을 필요하며, 다채로운 문화의 근간이 되고 있는 여러 규범들은 개인과 집단의 이해관계 속에서 언제나

23) 이리하여 헤라이클레이토스는 세계의 원질을 끊임없이 유동하는 불(火)로 보았다.

24) 헤라클레이토스는 에페소스 출신으로서 그가 살던 당시 에페소스는 페르시아의 지배를 받고 있었다. 따라서 헤라클레이토스는 페르시아의 문화를 접할 수 있었고, 이 과정에서 페르시아와 같은 통일된 전제적 국가가 아니라, 다양한 국가의 존립, 즉 '다(多)의 공존'이 자연에 질서에 부합되는 참된 존재임을 알게 되었다. 이러한 배경을 고려해 보면 자연에 대한 헤라클레이토스의 설명 역시 인간이 어떠한 삶을 살아야 하는가에 대한 나름대로 윤리적 판단을 담고 있다 할 수 있다.

대립과 마찰을 빚으며, 새로운 질서를 만들어 간다. 따라서 상호간의 갈등과 대립은 인간이 결코 피할 수 없는 필연이며 운명인 것이다. 헤라클레이토스의 표현처럼 "정의는 투쟁"이며 "투쟁은 만물의 원리"인 것이다. 이러한 사고방식은 제논 논리학과 함께 서양사상사의 주요한 흐름 중 하나인 변증법적 사고의 기원이 되었다.

한편, 엘레아학파에 속하는 파르메니데스는 헤라클레이토스와 대립되는 견해를 전개하였다. 즉 자연은 있다가 없어지는 것이 아니라 영원히 있는 존재라는 것이다. 자연이 운동하는 것이라면 그것은 생성과 소멸의 존재가 되는 것이고 그렇다면 자연은 있다가도 없게 되는 것인데 이는 자연에 대한 기본적인 전제를 위반하는 것이 된다. 따라서 파르메니데스는 "있는 것은 있고, 없는 것은 없다"라는 명제로 존재에 대한 기본적 전제를 상기시킨다. 이리하여 파르메니데스는 참된 존재는 불변하는 일자(一者)라고 주장한다. 그렇다면 우리가 확인할 수 있는 다양한 모습의 세계는 무엇인가? 파르메니데스에 따르면 이는 우리 감각이 전해주는 잘못된 환상이다. 그러므로 참된 존재는 감각이 아니라 사유에 의해서 파악되어야 한다.25)

---

25) 이러한 파르메니데스의 요청은 상식에 어긋나는 것처럼 보인다. 그러나 다른 한편으로 파르메니데스의 요청은 이전의 어떤 것보다 강한 정당성을 갖는다. 왜 그의 주장이 무시될 수 없었는지를 이해하기 위해서 다음과 같이 그의 주장을 재구성해 본다.

[세상에 있는 것들이 고정되어 있지 않는다면 그래서 모두 한 순간도 한 가지의 모습으로 멈추어 있지 않다면 우리는 그것이 무엇인지 알 수 없게 된다. 예를 들어 영화 <터미네이터 2>에 등장하는 T-1000이라는 로봇은 어떤 형태로든지 자신의 모습을 바꿀 수 있다. 그런데 만약 이 로봇이 자신의 능력대로 한 순간도 멈추지 않고 영화 내내 자신의 모습을 바꿔 간다면 영화를 보는 우리는 그 로봇을 알아볼 수가 없게 된다. 아니 그 영화에서 T-1000이라는 로봇이 등장하는지조차 알 수 없게 된다. 즉 우리에게 있어 그 로봇은 영화 속에 존재하지 않는다.]

이런 문제 때문에 영화는 우리가 그 로봇을 알아 볼 수 있도록 하나의 고정적인 파르메니데스의 이러한 요청은 자연이 영원한 것이라는 전통적인 전제에 더하여 그것이 운동하지 않는 일자(一者)임을 요구하는 것이다. 자연이 이러한 것이 될 때 우리는 자연에 대해서 의미 있는 관계를 유지할 수 있다. 그러므로 파르메니데스의 요청은 존재를 위한 요구가 아니라, 인간인식의 조건을 고려한 불가피한 요구라고 할 수 있다. 이처럼 형이상학이 존재를 고정된 것으로 보게 된 것은 자연에 대한 설명에서 정당한 설득력을 확보하는 것이 철학의 중요한 사항이 되었을 때 이미 예견된 것이라고 할 수 있다.[26)]

이 밖에도 많은 철학자들이 존재와 운동, 변화와 불변이라는 문제에 대해서 여러 가지로 대답하였지만 세계의 구조와 존재의 본질에 대한 가장 체계적이면서도 지속적인 영향을 끼친 견해를 제시한 철학자는 이후 아테네에서 활약하였던 플라톤과 아리스토텔레스였다.

3) 형상과 질료

우주의 근원 물질이 무엇인지를 묻는 최초의 철학적 질문은 단순히 구체적인 대상을 제시하는 차원을 넘어 세계의 구조와 본질을 묻는 문제

모습을 제공한다. 만약 세상에 참으로 있는 모든 것들이 한결같이 끊임없는 운동 속에 있다면 역시 같은 문제가 발생한다. 참된 존재인 자연이 영원히 운동하는 것이라면 그것은 우리와 아무 상관이 없는 무(無)에 지나지 않는 것이다.

26) 파르메니데스의 이러한 요청은 후에 아리스토텔레스에 의해 논리학의 원리로 재구성된다. 소위 A=A라는 기호로 표시되는 형식논리학의 동일률은 각각 존재와 개념을 의미한다. 한 A가 운동성을 가진 존재의 본래의 모습이라면, 다른 A는 사고에 의해서 고정된 존재, 즉 개념을 의미한다. 따라서 동일률 A=A는 실재와 사고의 추상적 구성물인 개념이 동일하다는 것을 선언하는 것이다. 그러므로 동일률은 존재를 개념화하는 원리이다. 개념이 논리학의 최소 단위라고 한다면 동일률은 논리학을 성립시키는 원리가 된다. 결국 논리학은 개념에 의한 존재 이해를 말한다.

로 발전하였다. 플라톤은 이에 대해서 세계를 이데아의 세계와 현실의 세계로 양분하여 이데아(idea, 형상)의 세계만이 진정으로 존재하는 불변의 세계라고 주장함으로써 초월적 관념론의 모델을 제시하였다. 플라톤에 의하면, 진정으로 존재하는 것은 영원하고 불변하는 이데아의 세계이다. 다시 말해서 우리가 만질 수 있고, 눈으로 볼 수 있는 물질적 세계는 한갓 이데아의 그림자에 불과한 불완전한 허상의 세계이다. 따라서 그것은 우리가 어떻게 지각하느냐에 따라 항상 그 모습이 바뀌는 것이다. 플라톤이 말하는 실재의 세계를 이해하기 위해서 다음의 세 문장을 살펴보도록 하자.

(1) 소크라테스는 사람이다.
(2) 플라톤은 사람이다.
(3) 아리스토텔레스는 사람이다.

이 문장들에서 소크라테스와 플라톤 그리고 아리스토텔레스는 각기 다른 사람이지만, '사람'이라는 점에서 서로 공통점을 지니고 있다. 다시 말해서, 이들은 모두 사람이라는 부류에 속하고 있다. 그렇다면 사람이란 무엇인가? 예를 들어, "철수는 누구냐?"라고 물으면, 우리는 그를 가리키며 "이 사람이 바로 철수다."라고 대답할 수 있다. 그러나 "사람이 누구냐" 혹은 "사람이 무엇이냐"라고 물으면 가까이 있는 어떤 사람을 가리킨다고 해서 완전한 대답이 얻어지는 것이 아니다. 그는 사람의 한 예에 불과할 뿐, 사람 자체는 아니기 때문이다. 아무리 많은 사람을 가리켜도 '이 사람', '저 사람', 또는 '그 사람'에 대해서 언급할 뿐이지 '사람 자체'에 대해서는 아무런 설명을 제시할 수 없는 것이다.

아무리 많은 사람을 살펴보아도 '사람 자체'를 알 수 없는데 그 이유는

'사람 자체'란 감각적 대상인 개별자로서가 아니라, 이성의 눈으로 만 볼 수 있는 보편적 존재이기 때문이다. 바로 이러한 문제를 해결하기 위해서 플라톤은 이른바 이데아의 세계를 설정한다. 플라톤에 의하면 진정으로 존재하는 것은 개별자를 초월해 있는 이데아들뿐이며, 감각의 세계에 나타난 개별적 사물들은 그것을 불완전하게 모방한 복사물에 불과하다.

따라서 감각의 세계를 벗어나서 진리를 터득하고 참다운 지식을 획득하려면 '생성과 소멸이라는 현실적인 세계'를 벗어나 '영원하고 불변하는 절대적 세계'인 이데아 계를 동경하고 명상해야 한다. 물론 이데아 세계를 인식한다는 것은 결코 쉬운 일은 아니며 인간적인 상황에서 함부로 허락되는 것도 아니다. 플라톤은 그의 유명한 '동굴의 비유'에서 이 주제를 상징적으로 설명한다.[27] 그러나 체계적이고 단계적인 교육을

---

27) 플라톤의 동굴의 비유는 다음과 같은 내용이다.

> 커다란 동굴이 하나 있고, 그 안쪽에는 죄수들이 살고 있다. 이 죄수들은 날 때부터 다리와 목이 사슬에 묶여 있어 항상 같은 곳에 머물러 있으며 동굴 안벽만을 바라볼 수 있다. 동굴 안벽과 입구 중간에 낮은 담이 있고, 이 담 조금 뒤에 횃불이 켜져 있으며, 이 담과 횃불 사이에서 일군의 사람들이 인형들을 들고서 왔다 갔다 한다. 조금 더 나아가면 동굴 입구가 있고, 물론 동굴 밖은 태양이 비치는 빛의 세계이다. 한편, 동굴의 죄수들은 동굴 안벽에 비친 그림자만을 평생 보아 왔으므로 이 그림자들이 실제의 존재자들이라 생각하며 이 그림자들의 움직임을 예리하게 관찰하여 이 움직임을 예견하는 자를 지혜로운 자라 생각하면서 이들에 의해서 선, 악, 시, 비를 가려 질 것이라고 생각한다.
>
> 그런데 이들 죄수들의 일부가 갑자기 사슬에서 풀려나고 고개를 돌리어 동굴 밖 쪽으로 눈을 향하게 된다면 태양의 불빛에 눈이 부시어 고통을 느끼게 되고 이제까지 보아오던 그림자를 볼 수 없게 될 것이다. 그리고 누가 이제까지 그들이 보아오던 그림자는 실물이 아니라 그림자에 불과한 것이라고 주장하면 당황하게 될 것이며, 이들은 동굴 밖으로 끌고나가 진짜 실물들을 보려고 할 것이다. 그러나 다른 한편, 죄수들은 태양의 불빛에 고통스러워하면서 이전의 그림자의 세계에로 도망치려 할

통해서 이성적 존재인 인간은 이 단계에 도달 할 수 있다고 플라톤은 확신하였다.

그러나, 플라톤의 제자였던 아리스토텔레스는 이러한 설명에 만족할 수가 없었다.[28] 그는 충분한 설명도 없이 이데아의 세계를 현실의 세계

것이다. 이런 과정을 거쳐 죄수들의 일부가 점차 동굴의 입구 쪽으로 나아갈 때 불빛에 익숙해지면서 이들은 자신들이 이전까지 보아왔던 것들이 그림자라는 것을 다시 한번 깨닫게 된다.

이렇게 해서 해방된 죄수들은 드디어 동굴 밖에 나오게 되지만 나오자마자 동굴 밖의 실물들을 바로 볼 수 있는 것이 아니라 소정의 적응단계를 거치게 될 것이다. 처음에는 실물들의 그림자, 다음엔 물 위에 비친 영상들, 그 다음엔 실물들, 그리고 마지막으로 태양을 보게 될 것이다. 이들은 태양을 봄으로써 이 태양이 가시계의 모든 것을 주재하며 동굴 속에 있는 것들의 원인까지도 된다는 것을 깨닫게 된다.

이제 동굴 밖의 세계가 진정 실재의 세계임을 깨달은 죄수들은 이 세계에 안주하는 것이 아니라, 동굴 안에 거주하고 있는 이전의 동료들에 대한 연민의 정을 느끼게 되고, 이들을 해방시키기 위해 동굴 속으로 들어간다. 이 해방된 자들이 보기엔 동굴 속의 죄수들의 삶이란 "재산도 없는 자에게 머슴살이하는 고통보다 더한 고통"의 삶을 영위하고 있기 때문이다.

그러나 이제는 빛에 익숙해진 해방된 자들의 눈은 다시 동굴 속에 들어가면서 시력장애를 일으켜 동굴 속의 생활에 서툴 수 밖에 없을 것이다. 이들은 동굴의 죄수들과는 달리 더듬고 넘어지는 등 하여 죄수들의 조롱거리가 되기 십상일 것이다. 그럼에도 이 빛의 세계를 보고 온 자들이 죄수들에게 동굴 속의 세계는 그림자의 세계이며 따라서 동굴 밖으로 나아가야 한다고 권유하고, 나아가 억지로 이들의 사슬을 풀어 빛 쪽으로 향하게 하지만 결코 동굴 속 생활을 벗어나지 않으려는 죄수들은 이들을 박해하며 나아가 죽이기까지 할 것이다.

이 비유를 통해서 플라톤은 자신의 스승의 무고한 죽음을 상기시키면서 이데아론과 연관된 철학적 인식에 대해서 말하고 있다. 동시에 이 비유는 신앙과 관련해서도 시사하는 바가 많다고 할 수 있다. 여기서 말하는 빛의 세계를 본 죄수들은 신앙적으로 말하면, 영적 세계를 본, 즉 궁극적인 생명세계, 영원한 주님의 나라를 바라본 선지자들의 삶일 것이고 이것은 결국 신앙인이 추구해야 하는 영적인 삶이라고 볼 수 있다.

28) 형이상학을 학문으로서 최초로 확립한 사람은 아리스토텔레스였다. 그는 존재자에 관한 보편적인 원리를 제1의 원리라 부르면서 이러한 원리, 원인 혹은 법칙을 탐구하는 학문을 '제일철학'(proute Philosophia; erste Philosophie)이라 하면서 학문 체계의 최

로부터 분리시켜놓은 것을 비난하면서 '모방'이니 '복사'니 하는 것은 단순한 비유에 불과할 뿐, 현실과 형상의 관계를 합리적으로 설명할 수 없음을 강조한다. 아리스토텔레스에 의하면, 참으로 존재하는 것은 한 문장에서 주어가 되는 개체(個體)들 뿐이기에, 플라톤처럼 사물에 대한 보편적 지식을 얻기 위해서 형상 또는 개념을 인식하는 것이 중요하다는 것을 인정하지만, 그런 것이 다른 차원에서 본질적으로 존재한다는 입장은 거부하였다.

따라서 아리스토텔레스는 물질적인 질료(質料, hyle)와 관념적인 형상(形相, eidos)과의 관계를 스승과는 전혀 다른 차원에서 설명하였다. 즉 형상은 질료 속에 있고, 관념적인 것은 물질적인 것 안에 있으며, 따라서 보편적인 것은 특수한 것이나 개별적인 것과 분리 될 수 없고, 만약 구분되더라도 그것은 단지 개념적으로만 가능하다는 것이다. 따라서 실제로 존재하는 것은 개별적인 실체(實體)들 뿐이며[29], 이 실체들의 특성을 나타내는 여러 가지 성질이 사물의 속성이 되어 부단히 변천하는

고 위치에 두었다. 따라서 <제일철학>은 특정한 존재자를 다루는 것이 아니라, 존재 자체 즉 초감성적인 것, 물질세계 저편에 존재하는 것, 모든 존재자의 기초에 놓여 있는 참된 원리에 관한 철학적 이론이다. 동시에 아리스토텔레스는 모든 존재 사물은 그것들이 '있다'라고 말해지는 한에서 '있다'를 성립시키고 있는 제1의 원리와 원인에, 다시 말해서 궁극적으로 제1의 존재자인 신(神)에 의존한다는 차원에서 <제일철학>을 <신학>(Theologie)이라고도 한다. 이후 형이상학은 중세의 그리스도교 신학과 결합되어 신학, 실체론, 우주론 등으로 심화・발전하였다.

29) 아리스토텔레스에 의하면 실제로 존재하는 것은 우리가 눈으로 볼 수 있고 만질 수 있는 구체적인 현상 혹은 사물뿐이다. 따라서 플라톤이 말하는 이데아란 사물들이 가지고 있는 특징들을 우리가 추상화하여 마음속에 간직하고 있는 환상에 불과한 것이다. 따라서 "있는 것을 없다고 말하거나 없는 것을 있다고 말하는 것은 허위요, 있는 것을 있다고 말하거나 없는 것을 없다고 말하는 것이 진리이다"라고 말하면서 스승의 이론을 비판하였다.

감각 세계를 형성하는 것이다. 이 속성들이 문장에서 술어의 역할을 할 뿐이며, 독립적으로 존재하는 형상이 될 수 없다는 것이다.

이처럼 정면으로 상치되는 두 입장은 서양 철학사에서 지속적으로 대립하는 두 흐름을 이루어 왔고, 오늘날까지 좀처럼 타협이 이루어지지 않고 있다. 사실 플라톤의 형상설과 아리스토텔레스의 실체설은 사람이 사물을 인식할 때 보여주는 상반된 기질을 표현해 준다고도 할 수 있다. 즉 이것은 '저 세상, 즉 초월적 세계를 추구하는' 기질을 가진 사람과 '이 세상, 즉 현실적 세계를 추구하는' 기질을 가진 사람의 차이를 대비적으로 보여주고 있는 것이다.

3. 형이상학과 이성

1) 보편과 개물

플라톤과 아리스토텔레스의 존재론적 입장은 중세에 들어와서 더욱 날카로운 대립을 보여준다. 특히, 보편(普遍)은 이데아의 세계에 형상으로 실재한다는 플라톤의 입장과 보편이 개별적 사물 안에서만 실재한다는 아리스토텔레스의 입장은 그리스도교의 교리와 관련되어 종교적 문제를 유발하게 되었다. 중세시대에는 존재자를 초월하는 절대적인 존재, 즉 신을 형이상학적 대상으로 상정하였기 때문에 보편 문제와 관련된 논쟁은 신의 존재와 교회의 위치 및 원죄(原罪)의 해석에도 연관되는 것이다. 이중에서도 가장 중요한 것은 신이 과연 어떠한 모습으로 우리에게 나타나는지를 문제 삼는 삼위일체(三位一體) 교의(敎義, dogma)에 대한 논쟁이었다. 한편, 중세에는 철학이 그 본래의 사명인 비판적 기능을 잃고 크리스트교적 교의를 무조건 합리화하는 이른바 '신학의 시녀'로 전락해 있었다. 이리하여 당시 철학은 교회에 속한 학원(schola)에서 다루어졌고, 철학자들에게 부과된 가장 중요한 철학적 과제 중 하나는 성부(聖父), 성자(聖子), 성령(聖靈)의 삼위가 어떻게 해서 일체를 이루는가를 해명하는 일이었다. 이 문제는 550년경 필로폰(Philopon)에 의해 제기된 바 있었지만, 본격적으로 논란이 된 것은 스콜라 철학에서였다.

플라톤의 영향이 압도적이었던 중세 초기에는 성 안셀무스를 비롯한 이른바 실재론(實在論 realism)자들에 의해 보편의 문제를 해결하기가 비교적 쉬웠다. 실재론자들에 의하면 보편은 개물(個物)에 앞서서 실제로 존재하고 따라서 가장 완전하고 보편적인 신은 모든 개별적 피조물에 선행하여 초월적으로 존재한다. 이러한 입장에서 보면 삼위는 신이라는 하나의 실체가 인간에게 나타난 세 가지 모습이므로 그것이 일체임을 증명하는 것은 그다지 어려운 일이 아니다. 또 보편이 실재한다는 입장을 취하면 교회는 단순히 교인들의 집합이 아니라 가톨릭(Catholic), 즉 보편으로 신자들 위에 군림하는 권능을 지니게 되며, 원죄도 각 개인이 지은 죄가 아니라 '인류'라는 보편이 지은 죄로 해석됨으로써 그리스도의 수난은 이 인류를 구원하는 데 의미를 가지게 되는 것이다. 그리고 이러한 해석은 당시의 교리에 완전히 합치되는 사상이었다.

그러나, 플라톤적인 형상은 개개의 사물 속에 내재적으로 실재하는 것을 시적(詩的)으로 비유한 데 지나지 않는다고 역설한 아리스토텔레스의 사상이 중세 철학자들에게 영향력을 발휘하기 시작하면서, 보편이란 것은 단지 이름에 지나지 않는다고 주장하는 이른바 유명론자(唯名論者 nomalism)들이 대두하기 시작하였다. 중세 유명론을 대표하는 사람이 로스켈리누스인데, 그에 의하면, 보편적인 것은 음성이나 이름에 불과하며, 이름이란 인간이 자기 생각을 남에게 전달하기 위해 임의로 만든 부호일 뿐이라는 것이다. 이것이 사실이라면, 신이라는 보편은 성부와 성자와 성령을 가리키는 이름에 지나지 않기 때문에, 삼위는 일체가 아니라 삼체로 나타나고, 그리스도교는 3개의 신을 신봉하는 3신교(三信敎)가 되고 만다. 더구나, 교회가 보편으로 교인들 위에 군림하지 않으면 그 권위는 항상 도전 받게 되고, 아담의 원죄나 그리스도의 수난과 같은 종교적 교리도 단순한 역사적 사건 이상의 의미를 가지지 못하는 것으로 해석될 수 있다.

물론, 중세의 종교적 상황에서 로스켈리누스와 같은 유명론자의 입장은 허용될 수가 없었다. 그러나 보편이 초월적으로 실재한다는 사실은 철학적 관점에서 볼 때 쉽사리 증명될 수 있는 것이 아니며, 또 그것이 공허한 이름이거나 상상력의 산물에 지나지 않는다는 주장도 쉽게 부정될 수 있는 것이 아니다. 이와 같이 팽팽하게 대립된 두 입장을 양립시키기 위하여 아벨라드는 이른바 개념론(概念論 conceptualism)을 제시하였다. 개념론에 의하면, 우리의 지성은 개물(個物)이 가지고 있는 보편적 성질을 추상적으로 파악하기 때문에, 보편이란 사물 자체가 아니고 추상작용의 결과일 뿐이다. 그렇다고 하여, 그것이 단순히 이름이나 음성은 아니며, 오히려 개물 속에 내재해 있는 것이 개념 속에 반영된 형태로 나타난 셈이다. 요컨대, 보편이란 이미 신의 정신 속에 사물의 모형으로 있는 것을 인간이 추상하여 받아들인 것이라는 입장이다.

아벨라드의 개념론도 교회의 입장에서 보면, 유명론과 별로 다르지 않은 위험한 사상으로 비쳤기에 교황은 결국 1092년, 수아송(Soissons) 회의에서 유명론적 입장을 이단[30]으로 규정하고, 이에 대한 모든 논쟁을

30) 이단(heresy, 異端)은 분파와 다르다. 이단설을 주장하는 사람들은 교리상의 오류를

범하면서도 때로 교회에 그대로 남아 있지만, 분파주의자들은 교리 상으로는 정통이면서도 교회에서 갈라져나간다. 영어 'heresy'는 그리스어 '하이레시스(hairesis)'에서 파생되었는데, 원래 특정한 철학 사상을 주장하는 것을 뜻하는 중립적인 용어에 지나지 않았다. 그러나 일단 그리스도교가 이 단어를 쓴 뒤로는 '승인하지 않은 것'이라는 개념을 갖게 되었다. 이렇게 된 이유는 교회가 처음부터 하나님이 주신 계시를 성령의 영감을 받아 해석할 권한을 가진 유일한 수호자로 자처했기 때문이다. 그러므로 공식적인 해석과 다른 해석에 붙은 '이단'이라는 용어는 경멸적인 뜻을 가질 수밖에 없었다.

이단에 대한 이러한 적대적인 태도는 〈신약성서〉에 분명하게 나타난다. 예를 들어 바울로는 자기가 전하는 복음이 '12사도들'의 복음과 동일하다고 주장하며, <신약성서> 후반에 속하는 책들에서는 승인된 교리들과 이단설을 대하는 태도가 훨씬 더 예리하게 대조된다. 2세기 그리스도교 교회는 그리스도교의 가르침이 오염되지 않게 해야 한다는 것을 더욱 자각하여, 교리에서 이탈했는지를 시험하는 기준을 마련했다. 사도들을 계승한 교부들과 2세기 그리스도교 저자들은 예언자들과 사도들을 권위 있는 교리의 원천으로 삼았으며, 이레니우스와 테르툴리아누스는 사도 시대부터 전해 내려온 본질적인 그리스도교 신조들을 요약해놓은 '신앙의 규율'을 강조하였다.

후에 성직자들이 중심이 된 교회와 교회공의회는 정통을 정의하고 이단을 정죄하는 도구가 되었다. 그 후 서방교회에서는 공의회가 내린 교리적 판단이 효력을 갖기 위해서는 교황의 승인을 받아야 했다. 처음 몇 세기 동안 그리스도교 교회는 많은 이단을 다루었다. 다른 이단들도 많지만, 대표적인 것들로는 가현설, 마르키온주의, 몬타누스주의, 양자론, 사벨리우스주의, 아리우스주의, 펠라기우스주의 , 영지주의 가 있다. 역사적으로 교회가 이단들과 싸울 때 사용한 중요한 수단은 그들을 파문하는 것이었다. 12, 13세기에 교회는 종교재판소를 세웠다. 교회에서 재판을 받은 후에도 자기 주장을 굽히지 않은 이단들은 세속 재판소에 넘겨졌고, 대개는 처형(화형)되었다.

16세기 종교개혁과 함께 새로운 상황이 조성되었다. 종교개혁은 이전에 서구 그리스도교가 누려온 교리적 통일을 무너뜨렸다. 오류가 없는 권위로 무장한 참된 교회로 자처한 로마 가톨릭 교회만이 이단에 대한 고대와 중세의 이론을 충실히 유지했으며, 이단으로 판단되는 교리나 견해를 단죄하기도 했다. 프로테스탄트의 거대교단들도 대부분 그들의 특정 교리들이 그리스도교의 궁극적 진리를 구체적으로 나타낸 것이라는 전제를 가지고 출발했으므로 그들과 다른 견해를 가진 사람들을 이단으로 단죄하는 태도를 가지고 있었다.

그러나 종교적 관용이 점차 확대되고 20세기에 시작된 에큐메니컬 운동이 영향을 끼치면서 프로테스탄트 교회들은 대부분 종교개혁 이전 교회에서 생각되던 이단 개념을 과감히 고쳐나갔다. 이제 그들은 자기 교파의 교리들을 엄격하게 유지하면서도 다른 견해들을 주장하는 사람들을 이단으로 간주하지 않으며, 이런 태도를 모순으로

금지시키며, 삼위일체설이 교회의 공식적인 교의임을 다시 확인하였다. 여기서, "3신론에 대한 대안은 침묵 밖에 없다"라고 한 성 아우구스티누스의 말을 상기할 필요가 있다. 이것은 곧 신학적 논의에 철학의 역할이 한계가 있음을 의미하며, 동시에 철학적 사유와 분석의 범위를 넘어서는 종교의 영역이 따로 있음을 의미하는 것이다. 결국 이 양자는 전혀 다른 종류의 진리이기 때문이다.

이처럼 보편과 개물의 논쟁이 종교적 문제와 얽혀 있으면, 진리를 합리적으로 규명하기란 쉬운 일이 아니다. 이 문제에 대한 중세적인 대답은 단호하고 또 명료하다고 볼 수 있다. 진리는 신으로부터의 계시에 의해서만 얻어지고 이러한 특권은 선택된 소수의 성자 혹은 성직자들에게만 주어진다는 것이다. 그러나 성자들이 받았다는 계시 혹은 성직자들이 공식적으로 발표하는 교리들이 신의 의지에 근거한 절대적 진리라고 주장할 근거는 무엇인가? 비록 계시가 절대적 진리라고 하더라도 한 인간의 어떤 경험이 과연 진정한 계시인지 아닌지를 구별할 수 있는 능력이 우리에게 있는가?

이러한 근거와 능력이 인간에게 있을 수 있지만, 중세에는 그것도 역시 신앙의 힘에 호소할 수밖에 없었다. 인간의 이성과 추리 능력이 신앙에 종속되어 있다고 보고, 철학을 신학의 시녀로 취급한 이유 또한 바로 여기에 있었다. 그러나 르네상스를 거치면서 철학자들은 이러한 입장에 좀처럼 만족할 수가 없었기에 계시 대신 논증을, 신앙 대신 이성을 강조

보지 않는다. 로마 가톨릭 교회도 자기의지로써 잘못된 교리를 고집하는 사람들과, 다른 신앙 전통에서 자라난 결과 아무 잘못 없이 잘못된 교리를 붙들고 있는 사람들을 구분해서 다룬다. 유대인들도 이단이라는 말을 써왔지만, 그리스도교도들만큼 이단자들을 강력하게 단죄하지 않았다. 그리스도교에 비해서 불교·힌두교·이슬람교에서는 이단이라는 개념과 이단과의 싸움이 역사적으로 그다지 중요하지 않았다.

하기 시작하였다.

2) 이성과 사유

르네상스를 전후하여 자연 과학이 발달하고 수학적 사고방식이 매우 유용한 것으로 입증되자, 철학자들도 전통적인 형이상학의 방법에 깊은 회의를 품기 시작하였다. 본래 아리스토텔레스에게서 형이상학이란 존재 일반에 대한 논의와 함께 존재의 근원이라 생각한 신에 대한 논의가 함께 다루어졌다. 즉 존재론과 신론이 구별되지 않았다. 그러나 16세기, 특히 17세기에 접어들면서 근대과학이 실험과 관찰 즉 측정과 검정이란 새로운 방법을 들고 나오자 중세까지 통용되던 신앙이나 계시 같은 것은 이제 정당한 철학(혹은 학문)의 방법으로 인정될 수가 없었고 종전의 형이상학 역시 그 의미가 변화될 수밖에 없었다. 물론 아직까지 과학은 스스로의 명백한 독자성을 확립하지 못했기에 형이상학과 대립까지 나아가지는 않았다.

이러한 상황에서 데카르트는 철학적 방법에 대한 반성이 필요함을 역설하면서 근대 철학에의 문을 열어 놓았다. 데카르트는 가장 확실한 인식에 도달하기 위하여 모든 것을 의심하는 이른바 '방법적 회의(懷疑)'라는 방법을 사용하였고 그는 이 방법을 통하여 유명한 "나는 생각한다. 그러므로 존재한다(cogito ergo sum)"라는 철학의 제 1명제를 발견하였다. 그것은 내가 모든 것을 의심하면 할수록 도저히 의심할 수 없는 것은 내가 의심 또는 생각한다는 사실이며, 이것이 진리라면 '생각하는 것(res cogitans)'으로서의 내가 필연적으로 존재한다는 뜻이다.

데카르트는 정신적인 실체(實體)로서의 내가 존재한다는 사실을 도저히 의심할 수 없는 절대적인 진리로 받아들였다. 데카르트가 말하는 실체란 무엇이 존재하기 위하여 다른 아무 것도 필요로 하지 않는 존재를 의미한다. 정신적인 실체는 그것이 존재하기 위해서 물체와 같은 다른 존재를 필요로 하지 않는다. 동시에 물체 역시 그것이 존재하기 위해서 정신을 필요로 하지 않는다. 따라서 물체는 정신이라는 실체와 판연하게 구분되는 또 하나의 실체가 된다. 이처럼, 데카르트는 세계를 구성하는 것은 정신과 물질이라는 2개의 실체이며, 이들 상호 간에는 아무런 관련도 없다는 이원론을 주장하게 된다.

그러나 데카르트의 이러한 이원론은 문제를 제기할 수밖에 없다. 첫째, 두 개의 실체가 과연 스스로 존재할 수 있을 것인가, 둘째 전혀 이질적인 2개의 실체가 어떻게 서로 영향을 끼칠 수 있느냐 하는 것이다. 예를 들어, 우리는 어떤 물건을 집고자 할 때에 손이 움직이는 것을 본다. 그런데 데카르트 식으로 정신과 물질(육체)가 독립된 실체로서 완전히 분리되어 있다면 물건을 잡으려는 나의 정신은 어떻게 손이라는 물체에 영향을 끼칠 수 있는지 의심스러운 것이다.

이러한 문제를 해결하기 위하여 여러 가지 입장이 나왔지만 그 중에서 스피노자의 이론이 가장 두드러졌다. 그에 의하면, 만물은 무한히 많은 속성을 가지고 있는 단 하나의 실체로 되어 있는데, 이것이 곧 신이고, 자연이며, 우주 자체이다. 데카르트가 말하는 정신과 물체는 그 자체로서 스스로 존재하는 것이 아닌 이상, 엄밀한 의미에서 실체가 될 수 없으며, 이는 실체의 무수한 속성, 다시 말해서 우주가 가지고 있는 무수한 속성 중의 2개일 뿐이다.[31] 이와 같이 정신의 속성인 사유와 물체의

31) 예를 들어, 원통을 세워 놓았을 때, 위에서 보면 동그랗고, 옆에서 보면 사각형으로 보이는데, 이렇게 달리 보인다고 해서 별개의 다른 물체가 아니다.

속성인 연장은 모두 하나의 실체가 지니는 2개의 속성에 불과하다는 것이다. 여기서 우리는 우주가 하나의 실체로 되어 있다는 일원론의 입장을 볼 수 있다.

한편, 라이프니츠는 우주를 이루고 있는 실체가 무한히 분할될 수 있는 연장의 속성을 지녀서는 안 된다고 주장하였다. 무수하게 작은 조각으로 분할될 수 있는 물체는 궁극적인 존재가 될 수 없기 때문이다. 그리하여 그는 무수히 많은 단일하고 분리될 수 없는 정신의 알맹이, 즉 단자(單子, monad)가 우주의 기본 단위이며 궁극적인 실체라고 생각하였다. 우주의 구조와 구성 요소를 설명하기 위해서 다원론을 제시한 것이다.

라이프니츠의 다원론도 문제를 안고 있다. 이 무수한 단자가 제각기 스스로 존재하는 실체라면, 어떻게 상호 작용을 하느냐 하는 것이다. 여기서 그는 창조자로서의 신의 존재를 설정하고 단자들이 서로 조화를 이루고 세계를 구성하도록 신이 미리 예정해 놓았다고 설명하고 있다. 이리하여 정신과 물체 사이의 관계도 예정 조화설로 설명하였다. 라이프니츠에 의하면 정신과 물체는 극히 정밀하게 만들어진 2개의 시계가 정확히 움직여 서로 일치된 시간을 가리켜 주듯이, 신의 섭리에 의해 완전히 조화를 이루도록 예정되어 있다는 것이다.

그러나, 이들의 답변은 서로 공통되는 문제점들을 가지고 있는데, 예를 들어 실체 문제를 해결하기 위해서 궁극적으로 전능한 신의 섭리나 권능에 호소하고 있다는 것이다. 특히, 정신과 물체와의 관계를 규명하는 입장에서 이러한 현상은 더욱 두드러지게 나타나고 있다. 이러한 상황에서 물체적인 존재를 부정하는 극단적인 관념론이 대두하였는데, 그 좋은 예를 버클리의 주장에서 찾아볼 수 있다. 그러나 버클리 이전에 영국 경험론은 로크로부터 출발하였다.

3) 경험과 지각

로크는 데카르트가 주장하는 이른바 본유관념(innated idea)을 거부하면서 모든 관념은 오로지 경험, 즉 구체적인 감각을 통해서 만들어진다는 것을 강조하였다. 이를 위해서 이른바 정신의 백지설(tabula rasa)이라는 개념을 제안하였다. 이어서 로크는 사물을 바라봄에 있어서, 대상에 객관적으로 속해 있는 원초적 특질(1차 성질)과 바라보는 주관에 따라서 달라지는 파생적 특질(2차 성질)을 구별하였다. 예를 들어, 운동이나 정지, 연장이나 형태 같은 특질은 색깔이나 소리, 맛, 냄새 등과는 구별되어야 하며, 그것은 곧 물체라는 실체의 속성이 된다는 것이다. 그러나 이러한 논리는 결국 인식의 상대성을 초래하게 되고 이런 문제를 해결하기 위해서 데카르트의 본유관념을 거부했음에도 내재적 이성의 역할을 강조하게 된다.

그러나, 버클리에 의하면 이러한 속성들은 과거의 경험과 습관을 통해 계속 듣고 본 결과로 얻어진 관념들이 결합한 것 외에 아무것도 아니다. 따라서 물체라는 실체 역시 우리가 보고, 듣고, 느끼는 감각을 통해. 형성된 관념들의 복합체에 지나지 않는다. 예를 들어, 책이라는 물체는 흰 색깔, 네모난 형태, 딱딱함 등의 특질들을 빼놓으면 아무 것도 남아있지 않는 것이다. 결국 버클리는 관념들을 제외하면 물체는 없다고 하여 자기의 입장을 "존재하는 것은 지각하는 것이다"라는 말로 요약하였다.

버클리의 이러한 입장을 관념론이라고 하는데 이 입장에서는 나의 정신과 나의 주관적 관념만이 실재하기 때문이다. 그러나 그는 객관적으로 존재하는 세계가 단순히 나의 주관적 관념의 소산이 아니라는 사실을 증명하기 위하여 '나' 외의 무한한 정신인 신의 존재를 상정하였다. 그러므로 한 권의 책은 나의 관념이나 다른 사람의 관념이 복합된 것이 아닐 때에도 신의 관념이라는 형태로 지각됨으로써 객관적으로 존재할 수 있다고 주장하였다.

흄에 의하면 우리는 이 세계를 정확하게 인식할 수 없다. 왜냐하면 인상으로 연결된 현상만을 보고 있기 때문이다. 무엇보다도 인간은 인식론적 한계를 가지고 있기 때문에 세계의 본연의 모습에 도달할 수 없다. 근대 이전의 철학은 이런 인식론적 한계를 '신'과 '이성'의 이름으로 제거해버렸다. 그러나 흄에 의하면 우리 앞에 놓여있는 이른바 사실들은 존재유무를 떠나서 확실한 참으로 이해될 수 없다. 나아가서 물이 100도에 끓는 자연과학의 명제조차 보편타당한 사실로 확립되는 진리가 아니라, 단지 지속 반복적인 관찰을 통해서 형성된 습관이라는 것이다.

좀 더 극단적으로 말하면 지구가 태양을 도는 사실조차도 흄에 의하면 영원한 참이 아니다. 경험에 근거하는 인식론적 한계를 극단으로 밀고 나가면 영원한 진리란 있을 수 없는 것이다. 1+1=2도 인간의 인식 안에서 조작된 착각일수도 있는 것이다, 그 너머의 물자체 영역이 이데아라고 할지라도 인간의 인식의 한계로 인해 도달할 수 없다면, 그 진리의 영역의 존재여부를 논하는 것은 무의미해진다.

흄의 이러한 회의가 지지를 받은 이유는 외적 경험을 통해서는 논리적으로 그런 회의를 허물만한 마땅한 단서가 없다는 점이다. 즉 우리가 너무나도 쉽게 확신하고 있는 경험적 사실들은 경험이라는 인식론적 통로를 거치지 않고는 결코 확실한 참으로 도출되지 않으며 경험 이전에 어떤 선험적인 통로가 있다고 치더라도 이것조차도 경험을 통해서 정당화되기 때문이다.

이처럼 근세 철학에서는 존재의 신비를 밝히기 위하여 계시나 신앙에 호소하지는 않는 대신 이른바 합리적 이성과 감각적 경험을 통해서 외부 세계를 인식하려고 하였지만 이들 인식과정이 보여주는 한계 때문에 여러 가지 측면에서 신의 존재를 의식하지 않을 수 없었다. 요컨대, 데카르트를 위시하여 스피노자나 라이프니츠 및 버클리 등 근세 철학자들은 신이 어떤 형태로든 존재한다는 사실을 전제로 하지 않고는 존재의 구조나 본질을 완전히 밝혀낼 수가 없었던 것이다.

4. 형이상학의 위기

1) 사변과 실증

형이상학은 서양 근대에 이르러 이전과는 다른 성격을 갖게 되었다. 근대 과학의 지속적 발전은 고대, 중세를 일관하는 통일적인 세계상(世界像)을 파괴하고 특수과학의 방법에 따라 얻어지는 것만이 실재에 대한 인식(實在認識)으로 인정받게 되었다. 그 결과 자연과학으로부터 지대한 영향을 받은 경험론은 기존의 형이상학을 적극적으로 부정하게 된다. 이러한 형이상학에 대한 부정은 인식할 수 없는 실재에 대한 부정이 아니라, 초월적인 이성적 원리에 대한 부정이었다. 이리하여 존재에 대한 필연적이고 객관적인 접근은 불가능하게 되었다. 남아있는 길은 오로지 주관적이고 실천적이며 구체적인 방식으로 존재에 다가가는 것이다.[32)]

---

32) 크리스찬 볼프에 의하여 이 두 방향의 논의는 각각 일반 형이상학과 특수 형이상학이란 명칭으로 나아가게 된다. '일반 형이상학(meta physica generalis)'은 존재자로서의 존재자, 존재자 일반의 존재 원리를 탐구하는 분야이고, '특수 형이상학(metaphysica

이리하여 현대철학은 존재일반에 대한 형이상학적 논의를 학문으로 취급하려고 하지 않는다. 에를 들어 칸트 철학에 있어서 중요한 숙제로 남아 있던 것 중의 하나가 바로 형이상학의 학적 성격 문제, 달리 말해서 학문으로서 형이상학의 가능성에 관한 문제였다. 그에게 영향을 준 흄의 경우에서처럼 그가 형이상학에 대한 강한 거부를 한 것은 아니지만 형이상학이 지니는 학적인 엄밀성을 의심하지 않을 수 없었다.

칸트에 의하면 우리는 형이상학의 독단론에 빠져서도 안 되지만 회의론자처럼 그것에 무관심해서도 안 된다. 칸트가 형이상학을 문제 삼은 것은 형이상학이 다루고 있는 업적에 관한 의문 때문이었다. 칸트는 전통적 형이상학을 존재자 인식(存在者認識)의 가능성을 무시한 사변적(思辨的), 독단적 형이상학으로 보고, 참다운 형이상학은 인식 능력을 비판한 다음에 비로소 이루어질 수 있다고 주장하였다. 그러므로 먼저 이성이 그 이론적 사용에서 넘어서는 안 되는 이성 사용의 한계를 분명히 규정하는 일이 필요하다. 칸트의 <순수이성비판>은 바로 이 문제, 곧 순수한 이성이 대상과 관련해서 우리를 어디에까지 이르게 할 수 있는가를 밝히려는 작업이다.

이러한 시도의 원인은 이성이 자신의 본성에 따랐기 때문이며 이는 일종의 운명과도 같은 것이다.[33] 이렇게 볼 때, 그의 철학적 작업은 이론

specialis)'은 결코 감각 경험적으로 접근할 수는 없는 특수한 존재자들을 탐구하는 분야이다. 이리하여 존재자가 존재자인 까닭을 탐구하고 모든 존재자에게 타당한 원리를 찾는 일반 형이상학은 존재론을 의미하며, 특수한 존재자, 즉 영혼, 우주, 신 등은 자연을 초월해 있고, 오로지 신앙의 힘으로써만 개념화할 수 있기에 영혼론, 우주론, 신학 등의 특수 형이상학의 내용을 구성하는 것이다.

33) 칸트는 <순수이성비판> 제1판 서언에서 이렇게 말하고 있다. "인간의 이성은, 이성 그 자체의 본성이기 때문에 거부할 수 없으며 이성의 모든 능력을 초월해 있기 때문에 답을 알 수 없는 문제들로 인해 고통 받아야 하는 특별한 종류의 운명을 지니고 있다."

철학을 근거로 형이상학을 소멸시키려는 의도에서 비롯된 것이 아니라, 실천철학을 위한 토대로서 형이상학을 새로운 정초 위에 위치시키려는 의도에서 비롯된 것이다.

헤겔은 사변적 형이상학을 객관적 논리학으로 대체하였는데 정신이 개념이라는 형식을 띠고 변증법적으로 전개된다. 그는 모든 운동, 모든 생명 및 현실에서의 모든 활동은 변증법적인 것이라고 주장하며, 존재를 곧 운동이며 생성(生成)이라고 보고 그 운동의 원동력은 모순(矛盾)이고 모순의 원리가 곧 실재의 근본 원리라 하였다. 이처럼 헤겔이 변증법적 방법으로 형이상학을 부흥시켰으나 마르크스와 엥겔스는 바로 그 변증법을 가지고 형이상학을 반대하였다. 헤겔의 정신 대신에 물질을 놓음으로써 변증법적 유물론을 정립시킨다. 그리고 이러한 역사관을 토대로 형성된 과학적 사회주의를 객관적 세계를 인식하는 원리로 삼고 모든 인간의 행동도 역사도 물질적 질서의 한 부분에 지나지 않는다고 보았다.

콩트는 실증주의(實證主義)를 주장하면서 인간의 지식발전을 3 단계로 나누어 처음의 신학적 단계를 거쳐 다음에는 형이상학의 단계에 이르렀으나 자신의 시대는 과학적 실증적 단계에 도달하였으므로 형이상학은 이제 지나간 과거의 학문에 불과하다고 역설하였다. 이리하여 이제 터무니없는 형이상학적 사변은 학문의 발전을 위해서 거부해야 하는 것이다. 현대 논리 실증주의와 분석철학은 신앙과 지식의 영역을 구분하여 전자의 영역에 신학과 형이상학을 함께 귀속시키려 하였다. 이제 학문적 지식에 의해 열려질 수 있는 존재는 공적인 영역, 사실의 영역에 속하고 그렇지 않은 영역은 사사로운 영역, 신비의 영역에 속하게 된다.

2) 이성의 한계

그러나 형이상학에 대한 이러한 다양한 공격에도 불구하고 형이상학에 대한 인간의 갈망이 쉽게 종식될 수 없다는 것은 당연한 사실이었다. 이것은 무엇보다도 과학이 형이상학을 대신할 수 없다는 사실에서 비롯되었다. 수학에 토대를 두고 실험과 관찰을 거쳐 실증성을 확보했음에도 불구하고 과학은 어디까지나 조작적이다. 따라서 과학은 근원적 실재나 사물의 본질적 의미에 대한 인식이라기보다는 대상들을 다루기 위한 일종의 처방집이다. 과학은 자연법칙들을 통해서 왜 이런 사태들이 나타나는가를 설명할 수 있지만 근본적인 질문, 즉 어째서 무(無)가 아니라 존재(存在 즉 無가 아닌 有)인가 하는 근본적인 신비를 설명할 수 없는 것이다.

특히, 20세기에 두 번에 걸친 세계대전은 인간 본성에 바탕을 두는 형이상학을 부흥시키는 결정적인 계기가 되었다. 이리하여 현대철학은 다시 여러 가지 방식으로 형이상학의 재건을 추구하였다. 대표적으로 베르그송의 직관적 형이상학, 딜타이의 생명적 형이상학, 하르트만의 인식의 형이상학, 하이데거의 현존재 중심의 인간학적 형이상학 등의 이론이 여기에 포함된다. 또한 현대는 과학적 입장에서 과학을 토대로 하는 과학적 형이상학을 건설하려는 경향이 농후하였다. 화이트헤드, 아인슈타인, 러셀 등이 여기에 속한다고 볼 수 있다.

이러한 여러 가지 움직임 속에서 특히 대표적인 흐름이 베르그송의 생철학(生哲學)과 하이데거 등의 실존철학(實存哲學)이다. 베르그송은 사물을 인식하는 방식에서 상대적 지식을 낳는 분석적 경향과 절대적 지식을 낳는 직관(直觀) 즉 대상 속으로 들어가서 그것과 함께 느끼는 경향이 있다고 보고, 형이상학은 순수하게 이해관계를 떠난 지식으로 직관으로써 자기를 사물 속에 넣는 참다운 인식이라고 주장하였다. 하이데거는 그리스 철학자들로부터 존재의 문제가 철학의 중심문제로 되어 왔으나 존재를 물어야 할 형이상학이 실은 존재자(存在者)를 문제로 삼는 데에 그치고 있었다고 보고, 존재의 질서를 결정하기 위하여 우선 우리의 현존재(現存在)를 철저히 규명하고, 나아가 참다운 본래의 생(生)으로 돌아가야 한다고 주장하였다.

나아가서 현대 철학의 한 흐름인 포스트모던적 철학은 공적인 영역, 사실의 영역이 이성 중심으로 해석된 편협한 것임을 드러내었다. 포스트모더니즘에 따르면 지식의 영역이라고 주장하는 사실의 영역은 오히려 인간의 욕망에 의해 해석되고 틀이 잡혀진 하나의 현실일 뿐이다. 즉 욕망이 다양하듯이 현실 또한 다양할 수 있는데 현재의 현실은 가능한 다양한 욕망 중에서 지배적인 욕망이 자신을 위해 선택한 것일 뿐이다. 포스트모더니즘의 현대 문명비판은 신앙과 지식의 영역 구분을 통하여 자신을 정당화하려 했던 이성 중심의 세계관을 공격하는 역할을 하였다.

이런 다양한 이론들이 형이상학적 논의의 부활을 예시한다고 성급하게 단정할 수는 없지만 "참으로 있는 것은 무엇인가?"라는 존재에 대한 논의를 다시 시작하는 계기를 제공해 주었음은 부정할 수 없다.

제 3 장 인식론이란 무엇인가?

1. 인식론(認識論 epistemology)의 의미

우리는 일상생활에서 '안다'라는 말을 쓰면서 살아가고 있다. 예를 들어 "나는 이순신 장군을 안다", "나는 야구를 할 줄 안다", "그림을 볼 줄 안다" 등의 표현이 바로 그것이다, 그러나 대부분의 경우 '안다'라는 말의 의미에 대한 깊은 반성 없이 단지 주어져 있는 술어로서 사용하는 것이 보통이다. 물론 일상생활에서 이러한 반성이 행해지지 않더라도 그다지 큰 불편이나 문제를 느끼지 않는다. 그러나 이른바 지식에 대한 사랑이라는 철학은 일상적인 관습을 허락하지 않고 보다 근본적인 물음을 던진다. "우리가 무엇을 안다고 할 때 이것은 무엇을 의미하는가?", "앎에는 어떤 종류들이 있는가?", "도대체 무엇이 앎인가?", "앎이라는 것이 과연 가능한 것인가?" 등의 질문이다.

일상생활에서 앎이라는 말을 보통 '지혜', '지식', '정보' 등의 의미로 사용하기도 하지만 철학에서는 일반적으로 이 모두를 인식이라고 통칭한다. 인식이란 사람이 무엇을 아는 활동을 의미하며 이러한 인식 활동이 인간의 사유능력인 이성 혹은 영적 능력인 내적 생명에서 비롯되는 것이기에 인간 삶의 근원적 활동이라고 할 수 있다.[34] 철학을 진정 '앎에

34) 인식 활동을 함으로써 사람은 자기와는 다른 어떤 것을 객관적으로 인식하게 되고

대한 사랑'이라고 할 때, 인식론 내지 지식론은 앎의 본질적 의미를 알고자 하는 철학적 노력, 다시 말해서 지식의 본질·기원·근거·한계 등에 관한 철학적 연구라고 할 수 있다.[35]

인식론에서는 무엇을 인식하는 사람을 인식 주체라 부르고 주체 앞에 놓여있는 무엇을 인식 대상이라 부른다. 내가 책상 앞에 있는 물건을 보고 그것이 컵이라는 것을 알게 되면 컵은 인식 대상이며 그것을 인식하는 나는 인식 주체이다. 대체로 개별 학문의 경우에는 이미 그것의 고유한 대상들이 주어져 있다. 물리학은 이 우주 속에 존재하는 수많은 물질들을 탐구하고, 의학은 인간의 몸과 여기에서 발생하는 여러 질병들을 탐구하며, 지리학은 우리가 거주하는 지구의 모든 공간을 탐구대상으로 한다. 따라서 이들 학문의 탐구대상은 당연히 존재하는 것이다.

그러나 철학은 자신이 다루고자 하는 대상이 이들 개별 학문처럼 구체적으로 존재하지 않으며 그것에 대한 실제적인 기술은 사실상 불가능하다. 대신 철학은 앎 혹은 지식 자체에 대한 근본적인 질문을 제기하는 데서 출발한다. 이리하여 인식론은 '앎' 자체가 도대체 존재하기는 하는지, 또 존재한다면 어떻게 가능한지를 따져보는 것이다. 왜냐하면 '앎'이라는 것이, 혹은 그 대상이 하나의 가상이거나 존재하지도 가능하지도 않은 것이라면 그 앎을 다룬다는 것 자체가 무의미하거나 불가능하기 때문이다.

따라서 인식론적 논의는 우선적으로 앎의 존재 가능성을 전면적으로

이를 통해서 자신의 존재세계가 확대되고 자신도 이를 통해서 스스로 변화된다. 이처럼 앎이 사람의 지식을 확대시켜줄 뿐만 아니라 사람을 더욱 사람답게 만들어 주기에 인식은 매우 중요한 활동이라 할 수 있다.

35) '인식론'이라고 번역되는 영어, 프랑스어(Epistemology, Epistemologie)는 그리스어의 에피스테메(episteme: 지식·인식)와 로고스(logos 이론)를 결합시켜서 만든 것이다.

부인하는 회의주의에 대한 논의로부터 출발해야 한다. 회의주의가 반박될 때 비로소 앎에 대한 진술들을 시작할 수 있기 때문이다. 회의주의는 크게 두 가지로 분류할 수 있는데 하나는 의심을 통해서 진정한 앎을 엄밀하게 구성해 가고자 하는 방법으로서의 회의주의가 있고, 다른 하나는 의심 그 자체를 절대적인 것으로 여기면서 일체의 앎도 부정하는 극단적인 회의주의가 있다. 우리가 비판하고자 하는 것이 바로 이 극단적 회의주의이다.

전자의 경우를 데카르트에서 볼 수 있는데, 그의 유명한 방법적 회의로부터 "나는 생각한다. 따라서 나는 존재 한다"라는 정식이 정립되었다. 어떤 사악한 악마가 있어서 제 아무리 나를 속일지라도, 생각하는 내가 있다는 사실만큼은 참이며 따라서 이것이 앎의 최초의 출발점이 될 수 있는 것이다. 현대의 인식론 논의에서도 이러한 회의는 확실한 앎을 얻기 위한 논증적 방법으로 지속적으로 사용된다. 데카르트가 상정한 '사악한 악마'와 유사하게 미국 철학자 퍼트남은 우리 인간의 존재 자체가 '통 속에 있는 두뇌(brain in a vat)'라는 상황을 가정한다. 즉 우리의 존재가 어떤 신체를 지니고 외부세계의 대상들을 경험하는 것이 아니라, 사실은 우리 모두가 단지 통 안에 갇혀 있는 뇌에 불과하지만, 어떤 고도의 정밀한 시스템에 의해 가동되는 전기적 자극에 속아 마치 우리가 실제로 몸을 가지고 대상들을 경험한다고 착각할 수도 있다는 것이다.[36]

한편, 후자의 고전적 유형을 고대 그리스의 고르기아스에서 볼 수 있

36) 물론 이러한 착각은 기본적인 감각조차도 거부하는 관념론의 전형적인 오류로서 영화 <토탈 리콜>, <매트릭스>, <아일랜드> 등의 SF영화에서 이런 주제가 흥미롭게 다루어진다. 여기에서 여러 형태의 기재들이 '사악한 악마'의 역할을 수행하면서 우리의 정신을 속이고 있지만, 생각하는 주체로서의 인간을 끝내 기만할 수 없으며 마침내 인간은 본래의 인식능력을 회복하게 된다.

다. 그는 "존재하는 것은 아무것도 없고, 설령 무엇이 존재하더라도 나는 그것을 알 수 없으며, 또 설령 내가 어떤 것을 알더라도 그것을 다른 사람에게 전달할 수 없다"라고 함으로써, 존재, 인식, 전달의 가능성을 근본적으로 부정한다. 그러나 고르기아스가 존재하는 것은 없다고 하지만 자기가 "존재"한다는 것까지는 부정할 수 없으며, 어떤 것도 존재하지 않다는 것을 "안다"는 것까지는 부정할 수 없다. 즉 자신이 그러한 것을 안다고 우리에게 전달하고 있다는 것까지는 부정할 수 없는 것이다. 결국 고르기아스의 명제가 참이기 위해서는 아무 말도 하지 않아야 하거나, 아니면 자기 스스로의 명제를 취소해야만 한다. 여기에서 이러한 극단적 회의는 자기 모순적임을 쉽게 알 수 있는 것이다.

2. 인식론의 기원

인식론이라는 용어가 널리 사용되게 된 것은 19세기 중반 이후의 일이지만 지식을 둘러싼 철학적 고찰의 기원은 훨씬 오래 되었다. 고대 그리스에서 소피스트들이 논했던 상대주의의 진리관에는 이미 상당히 진전된 인식론적 고찰이 포함되어 있었으며, 소크라테스 또한 그 대화활동 속에서 지식의 본질이나 지식획득의 방법에 대하여 다각도로 논하였다. 그러나 심화된 인식론적인 문제의식에 체계적인 표현을 부여하고, 그 전개방향을 규정한 사람은 플라톤과 아리스토텔레스이다.

플라톤은 인간의 지적 영역을 진지(眞知 episteme)과 억견(臆見 doxa) 2가지 종류로 나누어서 고찰하였다. 진지란 객관적으로 확증된 근거를 가진 인식, 다시 말해서 증명이 가능한 것을 말하는 것이며, 이에 반해서 억견이란 어떤 근거에도 의거하지 않은 불명확한 생각이나 신념을 가리킨다. 이와 같이 진지와 억견 사이의 구별을 철저하게 규명한 플라톤에게 진지의 최종형태는 '로고스를 수반한 참된 지식'이며 이것은 오로지 이데아 세계에서만 존재한다.

반면에, 플라톤이 말하는 이데아적 세계를 거부하는 아리스토텔레스는 일찍부터 연역추리(演繹推理)의 규칙을 체계화시켜 고전적 형식논리학의 기초를 정하고 감각 · 기억 · 상상 · 사고 등 인식에 관련되는 마음의 여러 기능에 대하여 면밀하게 고찰하였고, 플라톤의 초월적 경향과는 달리 인식의 문제를 경험적이고 논리적 사유를 통해서 발전시킴으로써 인식론의 역사에서 중요한 위치를 차지하였다. 이처럼 형이상학에 대한 견해에서와 마찬가지로 인식론에 있어서도 플라톤과 아리스토텔레스의 견해는 서로 다르며 이 둘 사이의 상위(相違)점은 근세 이후 합리론과 경험론의 형태로 계속 이어졌다고 볼 수 있다.

중세의 그리스도교 사상가들은 계시(啓示)에 기초를 둔 초자연적인 진리를 이성의 활동을 통해서 얻게 되는 지식보다 우위에 두었기에, 인간의 이성은 신앙의 빛, 다시 말해서 신의 은총에 의해서만 본래의 기능을 수행할 수 있다고 보았다. 따라서 중세의 인식론적 연구는 이 두 영역의 경계나 상호관계를 명확히 밝히는 것이 중요한 과제가 되었다. 즉 '신앙과 이성의 차이는 무엇인가?' 그리고 '이 둘의 조화는 어떻게 가능한가?' 등의 문제가 당대의 가장 중요한 논제였다. 여기에 근거하여 끊임없는 교리 논쟁과 이단논쟁이 이어졌다.

그러나 근세 이후 과학의 눈부신 발전으로 인해서 신앙에 근거한 전통적인 사상의 타성적인 안정은 붕괴되었고 이어서 진행된 과학혁명과 시민혁명은 새로운 세계상의 변혁을 촉진하는 동인(動因)이 되었다. 따라서 근대 인식론에는 두 가지의 과제가 주어졌는데 하나는 신앙에 근거한 중세적 사고로부터 근대적 사고의 분리였고, 다른 하나는 근대적 사유의 특징인 철학과 자연과학 사이의 긴장관계를 해소하기 위해서 중세적 방식으로 해석되었던 플라톤과 아리스토텔레스적인 인식론적 전통의 재구성이었다.

일반적으로 근대 인식론은 합리주의와 경험주의로 나누어서 고찰하는 것이 관례로 되어 있다. 이처럼 서로 대립하는 두 입장에서 과학과 철학 사이의 긴장 관계라는 근세 초기의 정신적 상황과, 플라톤주의와 아리스토텔레스주의의 새로운 재구성이라는 시대적 상황을 확인할 수 있다. 우선, 합리주의는 인간의 지각 경험이 거짓 믿음의 원인이 되기에 참 지식을 위해서는 이성의 힘에 의존해야 한다고 주장한다.[37] 따라서 감성으로 확인할 수 있는 지식 내용보다 마음 자체의 힘, 즉 이성의 힘으로 확인할 수 있는 내용을 더욱 확실한 것으로 받아들였다. 따라서 학문적 방법에 수학적인 방법, 좁게는 기하학적 방법을 선호하였다.

---

37) 사람의 마음에는 감정적 측면과 이성적 측면이 있다. 기억하고, 추리하고, 이해하고, 판단하는 것이 이성적 측면의 기능이라면, 즐거워하고 괴로워하고, 슬퍼하고, 감동하는 것은 감정적 측면의 기능이다. 고대인들은 두뇌가 이성적 기능을 맡고 있고, 심장이 감정적 기능을 맡고 있다고 생각하였지만, 오늘날에는 의학의 발달로 인해서 우리들은 이 두 가지 기능 모두 두뇌에서 비롯되며 대체로 좌측 두뇌가 이성적 기능을, 우측 두뇌가 감정적 기능을 담당하는 것으로 알고 있다.

그러나 우리말에서 '마음'은 주로 감정적 기능을 의미하며 따라서 두뇌보다는 가슴을 가리켜 왔다. '착한 마음', '따뜻한 마음', '깨끗한 마음' 등이 이러한 뜻을 잘 말해준다. 한편, 서양의 경우, 마음은 오랫동안 이성적 기능을 의미하였고 우리가 말하는 '정신' 혹은 두뇌와 동일한 의미로 사용되었다. 마음을 도덕적 의지의 원천으로 본 우리 문화와 달리, 마음을 이성적 기능과 동일시하는 서구적 전통은 고대 그리스 문화에서부터 유래되었고 그 결과 마음의 힘 즉 이성의 힘이 서양 철학을 이끌어 온 원천이 힘이 되었다. 달리 말해서 이성의 힘만으로 인간의 진리 탐구가 가능하다는 합리주의적 전통이 여기에서 비롯되었다.

반면에 경험주의는 인간의 인식과정에서 경험이 맡은 역할을 중요시한다. 경험론에 따르면 인간의 인식은 경험 없이는 성립할 수 없기에, 합리론과 같이 경험을 무시하고 이성적 인식에만 의존한다는 것은 전혀 불가능하다. 그러나 경험주의도 인간의 경험에 의해 확인되는 것만을 인정하려는 점에서 합리론과는 다른 차원에서 독단적이라고 할 수 있다. 그러나 합리주의와 경험주의라는 근대 인식론의 형성에 공히 지대한 영향을 끼친 것은 자연과학이라는 새로운 학문방법론이었다.

3. 합리주의

자연과학은 사상(事象)을 단순한 인자(因子)로 분해하고 분해된 여러 인자를 함수적 관계로서 재구성하는 분석과 종합의 방법을 사용하였고 여기에 방법적 토대를 이룬 것이 수학적 해석이었다. 이에 근거하여 새로운 역학적 세계상을 제시하여 가설 연역적(假說演繹的) 방법의 유효성을 실증하였다. 이러한 지적 상황에 부응하여 합리주의자들은 소수의 명증적 논리에서 논리적인 귀결을 연역하는 아 프리오리(a priori : 원리로부터)한 인식방법을 중요시하여, 수학을 확실한 지식의 전형으로 간주하였다. 여기에서는 데카르트와 스피노자 그리고 라이프니츠 등이 있다.

데카르트는 자신의 철학적 방법을 직관과 연역이라고 표현하였다. 즉, 공리(公理)를 직관에 의해서 파악하고 거기서부터 모든 진리를 연역적으로 추리해 나가는 방법이라는 것이다. 공리란 자명한 진리인데, 이것은 수학에도 주어지지만 철학에서도 찾아야 하며, 이 자명한 진리는 다른 모든 진리가 거기서부터 도출되는 최초의 진리, 즉 '제일원리'가 되어야 한다. 이 제일원리를 찾기 위해서 데카르트는 우리의 지식을 모조리 의심해 보았고, 그 결과 "나는 생각한다. 그러므로 나는 존재 한다"라는 결론에 이르게 된다. 이것은 생각하는 나, 즉 이성적 자아만이 궁극적인 진리의 근거라는 뜻이다.

데카르트 사상의 또 하나의 특징인 본유관념은 인간이 본래부터 진리를 보유하고 있다는 주장이다. 플라톤의 상기설(想起說)에서 그 기원을 찾을 수 있는 이 이론은 인간은 경험에 앞서서, 즉 선천적(a priori)으로 진리를 간직하고 있음을 강조하는 것이다. 이에 대한 근거로 데카르트는 신의 관념, 수학과 논리학의 원리, 윤리학의 보편적 규범, 그리고 자아의 존재 등을 든다. 이처럼 합리론은 대체로 이런 본유관념을 직관에 의해서 파악하고 이를 근거로 하여 논리적으로 모순 없이 추리해 가면 진리에 이른다고 주장하였다.

데카르트는 궁극적으로 우리의 정신이 진리를 인식할 수 있는 근거를 우리의 정신을 신으로부터 받은 데에서 찾았다. 우리의 정신은 '자연의 빛'을 갖고 있기 때문에 자연의 진리를 인식할 수 있는 것이다. 여기서 데카르트는 정신이라는 실체를 설명하기 위해 신이라는 다른 실체를 사용한 것이다.

한편, 스피노자는 실체를 다음과 같이 정의한다. "실체란 그 자신 안에 있으면서 그 자신에 의해 생각되어지는 것, 다시 말하면 그 개념을 형성하는 데 다른 개념을 필요로 하지 않는 것"이다. 이러한 정의는 실체, 즉 진실로 있는 것은 스스로 존재해야 함을 의미한다. 이렇게 볼 때, 우리의 정신과 물체는 독립된 실체가 될 수 없고 대신 유일한 실체는 신이다. 만약 신이 유일한 실체라면 신과 이 세계는 어떻게 관계하고 있을까? 스피노자는 우리가 보고 있는 자연과 우리 자신의 정신도 신과는 별개로 있을 수 없다는 논리로 이를 해결한다. 즉 정신의 속성으로 생각한 사유도, 물체의 속성으로 생각한 연장도 모두 신의 속성인 것이다. 물론 신에게는 이외에도 무수한 속성이 있지만 우리의 정신이 그 이외의 속성을 인식할 수 없을 뿐이다.

이렇게 해서 신은 무한한 것이 되었으며 '신이 곧 자연(神卽自然)'이라는 원리를 포함하게 된다. 물체와 우리는 하나하나 독립된 존재가 아니기에 세계는 하나의 존재인 것이다. 이와 같은 사고를 범신론(汎神論)이라고 부른다. 이리하여 상호독립적인 정신적 인과계열과 물질적 인과계열이 교착함으로써 인식이 성립하며, 이러한 인식은 다시 감각적 인식과 지성적 인식으로 나누어진다. 감각적 인식은 표상이며 이것은 다소 무질서하고 혼란된 관념이다. 반면에 지성적 인식은 이성지와 직관지로 나누어지며 이때 이성지는 순수한 지성적 인식으로서 추리하는 것이며 직관지는 일체의 것을 '영원의 상 아래에서(sub specie aeternitatis)' 보면서 모든 사물의 연관성을 사물의 본질로 파악하는 지적 능력이다.

일원론적인 범신론으로 데카르트의 이원론을 해결하려고 했던 스피노자와는 달리 데카르트의 이성적 진리관에 단자의 개념을 접목시킴으로써 주관적인 심적 현상들을 새롭게 주목한 사람이 라이프니츠이다. 그의 이론에서 중요한 개념이 단자인데 이때 단자란 더 이상 무엇으로 쪼개질 수 없는 원자를 의미한다. 그러나 이것은 기계론적 원자론자들이 말하는 그런 물리적인 원자가 아니다. 물리적 원자는 이것이 물질인 한 데카르트가 말하는 연장을 지니고 있으며 따라서 원칙적으로는 다른 부분들로 쪼개어질 수 있는 것이다.

따라서 라이프니츠의 단자는 데카르트가 말하는 물질로서 이해될 수 있는 것이 아니다. 대신 각 단자는 우주의 산 거울이라고 할 수 있다.

이러한 단자이기에 그들 간에는 연속성의 법칙이 지배하고 있다. 이것은 우주에는 단절된 틈도 없고 중복도 없다는 사실을 뜻한다. 각 단자가 자기 전개의 한 단계로부터 다른 단계에로 옮겨가는 데에는 그 사이에 있는 모든 단계를 거쳐야 하며, 우주 전체와 관련시켜 말한다면 모든 단자는 최하의 것에서부터 최상의 것에 이르기까지 연속적인 서열을 이루고 있다. 그러므로 우주에는 정도상의 차이가 있을 뿐이지 종류 상에는 여하한 차이나 반대가 없는 것이다.

4. 경험주의

자연과학의 또 다른 특징으로 기존의 개념체계나 존재분류에 구애받지 않고 오로지 관찰과 실험에 의해서 탐구하는 실증적, 귀납적 방법이다. 이 방법은 여러 학문 분야에서 성과를 거두기 시작하였는데 로크, 버클리, 흄 등 영국의 철학자들이 전개한 경험주의의 인식론은 이러한 관찰과 실험, 귀납적 일반화 등의 아 포스테리오리(a posteriori : 귀결로부터)한 방법에 중점을 두고 신념이나 지식을 해석하였다. 즉 현실세계와 관계되는 언명(言明)에 대해서는 감각적 명증의 뒷받침을 요구하는 것을 원칙으로 하였다.

철학에서 감각 혹은 지각을 중시하는 이유는 우리가 감각을 통해서만 외부세계를 인식할 수 있기 때문이다. 즉, 감각은 우리가 외부세계를 인식하는 제 1차적 통로이기에 우리의 다섯 가지 감각, 즉 보는 것, 듣는 것, 만지는 것, 냄새를 맡는 것 그리고 맛보는 것이 없다면 우리는 외부세계를 전혀 인식할 수 없을 것이다. 인체는 이런 기본적인 감각들을 통해 외부 세계를 인식하고, 우리는 이를 통해서 외부 세계의 실재성을 파악하게 된다. 이러한 감각 혹은 경험을 이성에 비해서 상대적으로 강조하는 철학적 사조가 경험주의이다.

경험주의의 선구자는 F. 베이컨[38]이지만 인간 오성에 대한 연구를

---

38) 베이컨은 학문을 하는 데 있어서 사람들의 올바른 판단을 막는 장애 요인이 있다고 주장하였다. 그런 것이 바로 선입관이나 편견이다. 베이컨은 이런 선입관이나 편견을 우상이라고 정의하고, 그런 우상의 극복만이 올바른 지식이나 판단을 얻을 수 있는 길이라고 하였다. 베이컨이 말하는 우상에는 네 가지가 있다.

첫째, 극장(劇場)의 우상 이다. 전설, 교의 등 이른 바 전통적인 것을 무비판적으로 받아들이는 오류이다. 자신이 보고 생각하는 바에 따르기보다 권위나 전통을 무비판적으로 받아들이는 데서 생기는 편견을 의미한다. 예컨대 극장에서 연출되는 가공적 이야기를 맹신한다거나, 나보다 앞서서 성립한 철학체계의 도그마에 속박이 되어 나의 판단을 그르치게 되는 우상을 말하는 것이다. 이러한 우상에 빠지지 않기 위해서는, 세상에 대한 자신만의 해석을 가지고 있어야 하며, 이전의 이른바 위대한 철학 체계를 '달을 가리키는 손가락' 정도로 이해하고, 자신이 만들어 가는 직접적인 세계 속에서 보다 정확하게 살아가야 하는 것이다.

둘째, 종족(種族)의 우상 이다. 인간 종족 전체의 공통적 성질에서 생기는 오류이다. 종족 일반의 천성에 뿌리박고 있는 인간의 그릇된 성향에서 오는 편견, 즉 모든 사물을 인간 본위로 생각하는 것으로서, 예를 들어 자기가 기쁘다고 꽃이 웃는다고 생각하는 것이다. 크게는 사람이기 때문에 사람중심적인 철학을 하게 되고, 동양인이기 때문에 동양 중심적인 철학을 하게 되고, 한국인이기 때문에 한국 중심적인 철학을 하게 된다는 것이다.

셋째, 동굴(洞窟)의 우상이다. 개인적 편견에서 생기는 오류이다. 종족의 우상과 대조되는, 개인적 편견. 즉 각 개인이 타고난 성격, 자란 환경, 받은 교육 등 에 의해 형성된 편견을 의미한다. 플라톤의 동굴의 비유에서 비롯된 것으로서, 개인의 좁은 소견에서 빚어지는 착각들, 개인의 호오나 편견, 만족이 빚어내는 우상을 말한다. 마치 동굴에서 밖의 넓은 세계를 보려는 것처럼, 내가 알 수 있는 것은 한정되어 있음에도 불구하고 그것을 전체인양 착각하는 것으로, 배금주의자가 돈의 소유량으로 사람을 평가하는 것 등이 그 예다. 쉽게 말해서 '우물안 개구리'라고 할 수 있다.

넷째, 시장(市場)의 우상이다. 인간이 사회생활을 하면서 언어, 개념을 잘못 사용하는 데에서 오는 오류를 의미한다. 언어가 교류되는 과정에서 개념적 약속이 틀리거나 - 왜냐하면 언어가 워낙 추상성을 띠고 있기 때문에 - 여러 가지로 해석될 수 있는

통해 경험주의의 이론적 기초를 마련한 철학자는 로크이다. 로크는 우선 본유관념을 부정한다. 그에 따르면 인간의 마음은 본래 아무것도 쓰여지지 않은 백지(tabuba rasa)인데, 오직 경험을 통해서만 이 백지에 무언가를 그릴 수 있다. 즉 지식을 얻을 수 있다. 인간에게 선천적 지식은 하나도 없고 오직 경험을 통한 후천적(a posteriori) 지식만 있는 것이다. 이처럼 후천적 경험을 중시하는 로크는 당연히 지각현상을 설명하기 위해서 실재론을 전제하였다. 우리가 일상적으로 느끼는 감각 경험들을 물리적 대상이 직접 우리에게 영향을 끼침으로 우리가 인식할 수 있다는 것이다.

그런데 물질에서 신경까지는 물리적인 전달이라고 볼 수 있지만, 이 전달이 두뇌까지 연결이 되었을 때는 전혀 물리적이지 않은 정신적인 영역에 도달하게 된다. 예를 들어 책이라는 대상을 인식했을 때, 최초의 인식대상은 물리적이지만 그것이 뇌의 영역에 들어와 표상될 때에는 물리적인 개념이 아닌, 정신적인 즉 마음에서 관념적으로 표상하게 되는 것이다. 이렇게 비물리적으로 표상되는 사건을 로크는 '감각관념'이라고 불렀다.

문제는 외부 대상을 의식하는 것과 마음속에 관념을 가진다는 것은 서로 다른 차원의 일이라는 것이다. 마음속에 관념을 가진다는 것은 우리가 외부 대상을 직접 인지하는 것이 아니라, 마음속에 관념을 표상하면서 외부 대상을 인지하게 되는 것이기에 우리 마음속의 관념적 표상과 외부 대상과의 일치여부를 확인할 수 있는 방법이 없다는 것이다. 이 문제를 로크는 제 1성질과 제 2성질이라는 개념을 통해서 해결하려고 했지만 결국 성공하지 못한다.

애매한 말이 사용됨에 따라 파생되는 혼란들을 가리킨다. 예를 들어서 근거 없는 유언비가 난무하거나 개념뿐인 운명의 여신이 진짜 있는 줄 알고 숭배하는 일 따위이다.

로크의 설명방식을 따라가다 보면 우리가 직접적으로 의식할 수 있는 것은 바깥에서 오는 감각적 인식이 아닌 내부에서 표상하는 관념이라는 결론에 이르게 된다. 즉 외부세계에 대한 지식이라고 이해하고 있는 것은 사실상 마음속에 있는 관념에 대한 지식이 되어버리는 것이다. 로크도 위와 같은 점을 인식하고 있어 결국 물질적인 사물들의 본질에 대해서는 불가지론적인 입장을 취하게 된다. 즉 사물의 실질적인 본질을 우리는 결코 알 수 없다는 것이다.

버클리의 이론은 로크 이론에서 관념과 대상의 구분으로 인해서 제기된 문제에 대한 비판에서 출발한다. 앞에서도 보았듯이 로크는 우리가 직접 인식하는 관념과 외부 대상이 서로 구분되며, 외부 대상의 실재모습이 관념이 표상하는 그대로는 아니라고 주장하였다. 그렇다면 외부 대상과 내부에서 표상되는 관념이 무슨 관계가 있는가라는 문제가 불가피하게 제기된다. 예를 들어 아름다운 영화 한편을 보는데 그 모든 것이 우리의 감각과 관련하여 내부에서 표상으로만 사라졌다가 나타났다 한다면 우리는 무슨 근거로 아름다운 한편의 영화를 감상했다고 말 할 수 있는 것일까? 결국 이 외부 대상이라는 것에 대한 불확실성이 로크 철학의 근본적인 난점이 되는 것이다.

로크의 이런 문제를 버클리는 나의 정신만이 존재하고 외부 대상물은 그저 관념일 뿐이라는 이른바 주관적 유심론으로 해결하려고 하였다. 외부 대상이라는 것이 부정되면 우리가 평소에 지각하는 여러 대상들은 우리 자신들의 관념들과 다를 바 없다는 것이 버클리의 생각이었다. 마치 데카르트의 이원론 문제를 스피노자가 일원론을 통해서 해결하려고 했듯이 외부 대상과 자신의 관념이라는 로크의 이원론적 난문제를 버클리는 외부 대상은 존재하지 않고, 오로지 관념만이 존재한다는 일원론으로 해소하려던 것이다.

그러나 외부대상이 존재하지 않는다면 우리는 어떻게 인식하고 관념을 가질 수 있는 것일까? 이것은 결국 외부대상이 독립적으로 존재하지 않기에 인간은 근본적으로 아무 것도 인식할 수 없다는 회의적인 결론과, 세상에는 수많은 사람들이 있는데 이들이 각자 주관적인 관념을 인식하게 된다면 사람 수만큼 세계가 생기게 되는 유아론이라는 심각한 오류를 낳을 수밖에 없다. 여기에서 버클리는 인식과정에서의 신의 역할을 주장한다.

인간이 주관적인 관념에서는 세계를 파악할 수 없고 따라서 독자적인 관념을 가질 수 없기에 관념의 발생은 비물질적이고 능동성을 가진 어떤 정신적 실체, 즉 신의 도움을 필요로 한다는 것이다. 그러나 버클리의 지각이론은 당연히 비판을 면할 수 없게 된다. 가장 큰 비판은 물리적 세계로부터 실재성을 없애버렸다는 것이다. 달리 말해서 물리적인 세계를 인간의 의식 속에 집어넣어 관념화시켰다는 것이다. 신까지 동원하면서 독단과 회의주의에 손상을 입은 상식을 회복하려고 했던 버클리의 시도는 본인의 의도와는 다르게 오히려 상식에서 멀어지게 되었다.

실재의 문제에 대해 흄의 접근방식은 로크나 버클리와는 전혀 달랐다. 흄의 관심사는 실재론과 반실재론간의 논점이 아니라, 세계가 실재한다는 우리들의 믿음과 관련되는 것이었다. 흄의 주장에 의하면 세계에 대한 우리들의 믿음이나 지식은 기본적으로 순간적이고 비연속적인 인상(impressoin)으로부터 나온 것이다. 그런데 이러한 인상이 사람들마다 각기 다를 수 있다는 것과 인상의 의미가 수시로 바뀔 수 있다는 점 때문에 근본적으로 심각한 문제를 안고 있다.

우리의 경험이나 지식 중에는 금방 생겼다가 금방 사라지는 것이 아닌 것이 있다는 것은 사실이다. 예를 들어 1+1이 2라는 대수학의 기초나 유클리드 기하학 등의 지식은 정합적 차원에서 진실이라고 이해하고 있기에 어떤 권력자가 혹은 시민의 다수결로도 결코 바꿀 수 있는 것이 아님을 알고 있다. 그러나 흄에게 세계에 대한 모든 경험은 궁극적으로는 순간적인 인상들 혹은 인상들의 결합이기 때문에 수학적 진리조차도 의심의 대상이 되는 것이다. 결국 외적 세계의 존재 문제와 관련된 흄의 최대 관심은 왜 그런 믿음이 생기게 되었는가에 있었다.

여기에서 흄은 두 가지 질문을 제기한다. 대상들이 우리 감각에 나타나있지 않는데도 왜 우리는 그것들에 지속적인 존재를 부여하는가? 왜 우리는 대상들이 우리의 마음, 우리의 지각과는 구별되는 존재를 갖고 있다고 생각하는가? 흄은 이에 대해서 대상들이 지속적으로 존재하는 것은 우리의 인상과 상상력의 조합의 결과로 보았다. 흄은 우선, 우리들의 인상의 본질을 불변성과 정합성으로 보았다. 이때 불변성이 완벽한 것이 아니기 때문에 정합성이 필요하게 된다. 그리고 상상력은 유사한 인상에 대하여 불변성과 정합성의 결합을 통해서 그것을 연결하는 것이다. 즉 상상력을 통해서 대상과 대상들이 연결이 되며 그것들은 동일성을 유지하게 된다.

결국 우리가 가지고 있는 것은 대상에 대한 인상이라는 파편들일 뿐이지만 상상력은 이 모든 것을 하나의 관념으로 연결해준다고 볼 수 있는데, 흄의 이러한 관점은 인과(因果)에 관한 분석에서 잘 나타난다. 인과적 지식은 원인과 결과의 필연적 연결을 의미하는데 흄에 의하면 이 필연성은 특정 경험이 여러 번 되풀이되는 가운데 마음속에 습관화되고 신념이 되어서 나타난 지식일 뿐이다. 심지어 흄은 이러한 인과적 인식을 하는 주관이나 자아도 관념의 묶음이라고 하여 자아라는 실체를 부정하면서 이를 관념으로 해소시켜 버린다. 그러나 이러한 회의적 태도는 자연과학을 과거의 경험을 토대로 하는 불확실한 지식으로 만들어 버리고 모든 지식에 관해서 개연성(蓋然性)만을 주장하게 만들었다.

이리하여 영국 경험주의는 흄에 이르러 심각한 회의론으로 귀결되어 버렸고 이러한 귀결에 대해서 가장 커다란 충격을 받은 철학자는 바로 뉴턴의 물리학에 근거하여 새로운 철학을 전개하고 있던 칸트였다.

5. 칸트 인식론과 이후의 흐름

칸트는 합리주의의 독단론과 경험주의의 회의론이라는 두 가지 한계를 깊이 인식하였고 이러한 문제를 해결하기 위해서 지식을 경험 가능한 범위에 한정시키고, 전통적인 형이상학의 여러 명제를 부정하는 것으로부터 자신의 인식론을 시작하였다. 우선, 칸트의 이론은 일차적으로 경험주의와 결부된다. 그러나 당시의 수학이나 뉴턴 역학의 근저를 이루고 있는 원리적인 지식과 그 조건을 탐구하면서 이를 통해서 '가능한 경험'의 기본구조를 재구성하였다는 점에서 합리주의의 계승자이기도 했다.

칸트 인식론의 근본과제는 지식은 어떠한 방법으로 경험과 실재에 관계하며 이러한 지식의 성립을 위해서 보편적이고 필연적인 판단은 어떻게 가능한가, 결과로서 그 지식의 객관적 타당성, 즉 실재와의 적합성은 어떻게 해서 입증되는가를 해명하는 일이었다. 이러한 과제는 '선험적 종합판단(synthetisches Urteil a priori)은 어떻게 가능한가?'라는 물음으로 요약되어 있다. 그렇다면 '선험적 종합판단'이란 무엇일까?

이 개념을 이해하기 위해서 우선 분석 판단과 종합 판단의 구분이 중요하다. 주어와 술어의 관계를 전제로 하는 판단에 있어서, 하나는 B라고 하는 술어가 A라고 하는 주어의 개념 속에 속해 있는 경우를 생각 할 수 있고, 다른 하나는 술어 B가 주어 A의 의미에 속해 있지 않는 경우를 생각 할 수 있다. 전자의 경우를 분석 판단이라고 하고 후자의 경우를 종합 판단이라고 한다.

예를 들어 '모든 물체는 연장이 있다'라고 말하는 경우, 술어의 의미가 주어에 이미 포함되어 있기에 물체가 연장을 지니고 있다는 것을 발견하기 위해 그 개념을 벗어날 필요가 없다. 이것이 분석판단이다. 하지만 '모든 물체는 무게가 있다'라고 말한다면 이때 술어는 주어에 포함되어 있지 않을 것을 의미하기 때문에, 다시 말해서 물체의 개념 속에서 생각 할 수 있는 것과는 다른 무엇인가를 의미하기 때문에 개념에서 벗어나서 다른 방법으로 이를 확인해야 하는 것이다. 이것이 종합판단이다. 이러한 구분에 근거하여 칸트는 형이상학은 분석 판단만을 제공해 줄 뿐이라고 주장하고 있다.[39)]

이제 판단은 네 가지로 구분할 수 있다. 후험적 종합 판단, 후험적 분석 판단, 선험적 종합 판단, 선험적 분석 판단. 이 중에서 사실상 후험적 분석 판단은 있을 수 없기 때문에 판단의 종류는 세 가지로 줄게 된다. 여기서 칸트는 선험적 종합 판단이 가능하다고 주장하고 그것의 예들을

39) 그런데 여기서 분석 판단이라고 하는 것은 실제로는 꼭 필요하고 보편적이고 타당하나 이것은 단지 설명을 하면서 개념을 분석하는 데 지나지 않을 뿐, 진리의 확장에는 별다른 영향을 미치지 못하는 판단이다. 그렇기 때문에 분석 판단은 일종의 '설명 판단'이고 이것에 대해서 종합 판단은 '확장 판단'이라 부르게 된 것이다. 지식의 확장은 이와 같은 확장 판단인 종합판단에 의해 이루어지고 우리가 관심을 가져야 하는 것도 종합판단이다. 여기서 판단이 선험적인 것이냐, 아니면 경험에 의존한 것이냐를 가지고 '선험적'과 '후험적'이라는 구분이 생기게 된다. 선험적인 판단은 모든 경험이나 감각적인 판단에 독립해야 하는 것이다.

제시함으로 이것의 타당성을 증명하려고 하는 것이다. 회의론자들에게 있어서 선험적 종합 판단이라고 하는 것은 불가능한 것으로 여겨졌기 때문이다. 그러나 칸트는 선험적 종합 판단의 예를 기하학과 수학을 통해서 제시한다. 나아가서 이러한 선험적 종합 판단의 기초 위에서 인간 인식 구조의 보편성과 객관성을 이끌어 내려고 시도하였다.

여기서 인식형식으로서 '선험적 감성론'에서 직관 형식으로서 공간과 시간, '선험적 분석론'에서 사고의 형식으로서의 12 범주 그리고 '선험적 범주론'에서는 이념을 제시한다. 그리고 이때의 주관은 개인적 · 경험적 의식 주체가 아니라, 철학적 반성에 의해 비로소 분명해지는 초월론적 주관(transzendentales Subjekt)이며, 이러한 관점에서 칸트의 철학을 '초월론적 철학(Transzendentales philosophie)'이라고 부르는 것이다.

칸트 이후에는 인식론의 과제와 방법에 관한 이념이나 과학적 인식에 대한 태도 등에 있어서 칸트의 견해를 크게 뛰어넘는 이론은 아직 나타나지 않았다. 19세기 말부터 20세기 초에 걸쳐서 융성했던 신칸트학파의 인식론이나 뒤이어 등장한 후설의 초월론적 현상학 등도 기본적으로는 칸트 인식론의 이념을 되풀이하는 학설이다. 이외에도 논리실증주의에 근거한 분석철학이나 마르크스주의적 인식론, 해석학과 비판이론, 과학철학과 구조주의 등의 방법론이 지속적으로 이어졌지만 오늘날에 와서 더 이상 인식론이 '과학의 기초 확립'이라는 이념에 머물 수 없다는 측면에서 각 방법론 역시 일정한 한계를 보여줄 수밖에 없었다.

인식문제를 둘러싼 과학과 철학의 상대관계도 최근 20, 30년 사이에 크게 변화하고 있다. 무엇보다도 이러한 지적 탐구와 이를 위한 다양한 노력들이 도대체 인간에게 어떠한 의미를 가지고 있는가, 다시 말해서 사실에 대한 객관적인 인식 이상으로 이러한 지식에 대한 가치적 문제가 제기된다는 점에서 인식론은 오늘날 새로운 과제에 당면하고 있다고 할 수 있다. 예를 들어 초월론적 철학의 이상을 추구한 후설이 만년에는 '생활세계의 현상학'으로 관점을 돌렸으며, '논리형식'을 기본개념의 토대로 삼고 인식 언어의 본질구조를 조명한 비트겐슈타인 역시 '생활형식'을 궁극적인 지주로 하는 언어게임의 철학으로 전환하였다는 사실은 전통적 인식론의 한계를 여실히 보여주는 것이다.

6. 인식의 대상

1) 관념론

관념론(觀念論, idealism)은 경험을 해석할 때 관념적인 것 또는 정신적인 것이 중심 역할을 한다고 강조하는 견해이다. 관념론은 일반적으로 실재의 관념성을 주장하는 형이상학적 관념론과, 인식과정에서 인간은 마음 안에 있는 것만을 파악할 수 있기 때문에 인식대상은 지각할 수 있는 것에 한정된다는 인식론적 관념론 두 형태로 나타난다. 형이상학적 관념론은 흔히 유심론으로 불리며 유물론과 대립한다. 유물론은 세계의 근원적인 실체가 물질이기에 이 실체는 물질적 형식과 과정을 통해서 인식된다고 주장한다. 반면, 인식론적 관념론은 실재론에 대립한다. 실재론은 인식대상들이 우리의 의식 외부에 의식과 독립하여 실제로 존재한다는 관점이다.

철학사에서 관념론을 토대로 형이상학을 체계화하려는 노력은 여러 방식으로 제기되었다. 관념론자들은 주로 소크라테스와 플라톤의 전통에 따라 논증을 중요시하였는데, 이들이 제시한 4가지 논증을 요약해보면 다음과 같다.

첫째, 유아론적 논증이다. 버클리의 '존재한다는 것은 지각된다는 것이다'라는 논증이 대표적이다. 이 논증에 따르면 대상에 속하는 모든 속성은 감각속성이다. 단단함은 두드리는 행동에 대한 저항을 감각하는 것이고, 무거움은 손으로 물건을 들 때의 근육작용에 대한 감각이고, 푸르다는 것은 시각경험에 대한 감각이다. 그러나 이런 속성은 감각기관을 갖춘 어떤 주관이 지각하고 있는 동안만 존재하기에 그가 사라지거나 그의 인식 구조가 소멸되면 대상 역시 모두 소멸되는 것이다. 이것을 유아론(solipsism)이라 부른다.

둘째, 상호의존적 논증이다. 이것은 주관과 객관이 서로 의존한다는 논증이다. 객관 없는 주관은 생각할 수 없다. 왜냐하면 '주관이다'라는 말은 본질적으로 '객관을 전제로 하면서 인식하고 있다'라는 뜻이고, '객관이다'라는 말은 본질적으로 '주관에 의해서 인식되면서 존재하는 객관이다'라는 뜻이다. 따라서 양자의 관계는 절대적·보편적으로 상호의존적이다. 결국 모든 완결된 현실은 항상 주관과 객관의 통일체이다.

셋째, 신비주의적 논증이다. 이 논증에 따르면, 가장 직접적으로 경험하는 주관적인 깨달음 속에서 자아는 직관을 통해 궁극적 실재를 직접 알 수 있는데, 이것은 궁극적 실재가 정신적인 것임을 보여준다. 예를 들어 종교를 비롯한 형이상학적 탐구에서는 감각대상과 그 대상에 대한 지각 사이에는 개입하는 사고의 세부절차들이 오히려 인식의 신뢰도를 떨어뜨리기 때문에 이러한 인식과정보다 직관적 파악과 신비적 이해가 더 중요하다는 것이다.

넷째, 사유 존재적 논증이다. 이 논증은 원래 11세기 아우구스티누스주의자인 캔터베리의 성 안셀무스가 자신의 개인적인 종교경험에 근거해서 직관적으로 통찰한 신(神) 존재 증명으로 시작되었다. 이 논증에 의하면, 신이 완전하려면 존재해야만 한다. 만약 존재하지 않는다면 그 존재는 완전을 위한 필수적인 요소 중 하나를 결여하고 있는 것이다. 이른바 '사유 존재론'이다.

관념론에 대한 비판은 철학사에서 다양한 형태로 나타났다. 영국 철학자 G. E. 무어와 버트런드 러셀은 주관의 지각작용 자체와 이 작용의 대상인 '감각자료'를 구분해야 한다는 점에 근거해서 관념론을 비판했다. 예를 들어 모든 참인 명제는 감각경험을 확인함으로써 검증되어야 한다는 경험적 검증가능성을 원리로 삼고 있는 논리실증주의는 관념론의 근본적인 약점이 이 원리를 거부한 데 있다고 주장한다. 언어철학은 관념론의 중요한 용어들을 자세히 분석하여 그것들의 의미가 모호해서 분명하게 규정하는 것이 불가능하다고 비판했다.

관념론의 신비적 주장도 많은 비판을 받았다. 마르크스와 그 추종자들은 헤겔의 변증법적 관점을 이어받아 관념론에 대항하는 변증법적 유물론을 발전시켰다. 2차 세계대전 이후 많은 국가에서 사회주의 내지 공산주의 정당이 정치적인 성공을 거둠으로써 마르크스주의는 유물론적 관점에서 관념론에 대한 반대 입장을 명확히 하였고 서유럽의 비공산주의 국가에서조차도 마르크스주의는 관념론에 대한 중요한 대안이 되었다.

물론 관념론자들은 이런 비판들이 관념론의 핵심에 대한 불충분한 이해에서 비롯되었다고 주장하면서 비판에 대해서 대답하는 대신 오히려 다양한 대안을 제시하면서 비판에 도전하려고 노력하였다. 동시에 관념론에 대한 비판과 공격이 과연 성공했는가 하는 질문은 역시 아직도 남아 있다. 비록 쇠퇴해가고 있는 중이긴 하지만, 서구문화 속에서 관념론 전통은 많은 역사적 혼란기를 거치면서도 여전히 살아남아 사회상황이 안정되고 평화로운 시대가 되면 변형된 모습으로 다시 나타났다. 이렇게 볼 때, 형이상학적 욕구와 유사하게 관념론은 인간정신의 불변하는 어떤 측면을 반영한 것이기에, 완전히 소멸되지 않고 앞으로도 계속 살아남을 것이 확실하다.

2) 실재론

실재론(實在論, realism)은 인간 인식의 대상이 인간의 지각이나 사고에 관계없이 독립적으로 존재한다는 견해이다. 대상의 독립적 존재를 의심하는 것은 일상적으로 보면 이상할지 모르나 철학적으로는 결코 사소한 문제가 아니다. 관념론자들은 이를테면 자주색은 마음 외부의 세계에 성질로서 존재하지 않는다고 주장한다. 순수한 자줏빛 단색광이란 존재하지 않는다. 또 어떤 상황에서는 열이 차갑게 느껴지고 회전이 진동으로 느껴진다. 결국 성질들은 관찰자의 마음이 대상에 부과한 것이다. 그러나 대상의 모든 성질이 정신적인 것이라면 그런 대상이 객관적으로 존재한다는 주장은 무슨 의미가 있는가? 실재론자들은 이런 문제점을 지적하면서 대상이 마음에서 독립하여 존재한다는 것을 결코 의심하지 않는다.

실재론은 마음에서 독립하여 존재하는 것을 무엇으로 보느냐에 따라 본성 실재론과 사물 실재론으로 나뉜다. 본성 실재론에서는 독립적으로 존재하는 것이 사물 세계와는 구별되는 어떤 존재이다. 플라톤에서는 이 존재가 개별 사물들이 관여하는 형상(形相) 또는 이데아이고 아리스토텔레스에서는 본질이며 중세 실재론 또는 보편 실재론에서는 사물의 절대적, 종적, 유적 본성이다. 또 과학적 관찰에서 추상한 법칙이나 이론

모형일 수도 있다.

사물 실재론에서는 독립적으로 존재하는 것이 경험의 구체적·개별적 대상이고 이 대상은 우리가 보지 않을 때에도 언제나 중요한 속성을 가지고 있다고 주장한다. 고대와 중세의 철학이론은 실재론이든 개념론이든 유명론이든 대부분 개별적·감각적 사물의 독립적 존재를 인정한다. 이런 점에서 이 이론들은 모두 사물 실재론이라고 볼 수 있다. 이처럼 실재론에 여러 종류가 있으므로 실재론에 대비되는 철학적 견해도 여러 가지가 있을 수 있다.

본질(또는 사물의 종적이고 유적인 본성)이 이름 이외의 어떠한 실재도 갖지 않는다고 보는 유명론이나 그런 보편성이 마음속의 개념으로만 실재한다고 인정하는 개념론과 달리, 실재론은 사물의 종적이고 유적인 본성이 마음 바깥에 독자적으로 실재한다고 주장한다. 또 실재론은 감각 대상과 그 성질의 존재가 사고에 대해 외부적이라고 주장한다. 대상이 연결되지 않는 감각단편들의 사적(私的) 묶음이라고 보는 현상론 및 감각론과 달리, 실재론은 대상의 기초를 실재적인 통일적이고 지속적인 실체에 둔다.

과학철학에서 과학법칙과 과학이론을 과학자가 자유로이 선택한 구성물 또는 실재를 묘사할 목적으로 고안한 구성물로 보는 약정론과 달리, 실재론은 법칙과 이론이 실제로 대응하는 사물을 갖는다고 주장한다. 이처럼 여러 가지 이론적, 실천적 이유에서 사람들은 실재라고 부르는 것과 단순히 인식의 산물이라고 생각하는 것을 분명히 구분하려고 한다. 보편 · 감각 · 지각 · 과학 공식 · 법칙 등은 인식 속에 존재하지만, 인식론적 실재론자들은 확실한 출발점에서부터 이것들과 대등하거나 동일한 대상들이 마음 밖에 존재함을 보여주려고 노력한다.

그러나 이것은 모호한 절차인 것 같다. 실재론은 인식을 인식 자체에게 가장 현재적인 대상으로 여긴다. 즉 인간은 다른 어떤 것보다도 자신의 사고과정을 더 친밀하게 알고 있다고 본다. 그러나 이로부터 도달하는 대상은 마음속의 내적 산물이나 사건일 수밖에 없다. 이 때문에 인식론적 실재론은 이미 오래 전부터 활발한 토론의 대상이 되지 못하고 있다. 그러나 현대에도 계속되고 있는 플라톤적 전통에서는 사물의 본성과 관련된 실재론이 아직 살아 있으며 직접적 실재론의 시도도 이루어지고 있다. 과학 분야에서는 약정론에 대한 반대와 법칙이나 이론에 대해 단순히 도구적 지위만을 주는 것에 대한 반대는 아직도 중요한 논점이다. 또 전자현미경 등 현대 기기의 발전으로 과학적 구성물과 실재의 구조 사이의 대응을 시험할 가능성이 많아졌다. 그러나 이러한 검증과정은 인식에서 출발해서 실재에 도달하려는 시도라기보다는 오히려 실재와 사고의 비교과정이라고 할 수 있다.

3) 유물론

유물론(唯物論, materialism)이란 물질을 제1차적이고 근본적인 실재로 생각하고, 마음이나 정신을 부차적·파생적인 것으로 보는 학설을 의미한다. 유물주의(唯物主義)라고도 하며, 정신을 바로 물질이라고 주장하는 입장 또는 물질(뇌)의 상태 · 속성 · 기능이라고 주장하는 입장 등 여러 입장이 있다.[40)]

---

40) 앞에서도 설명했듯이 존재론적 차원에서 유물론은 유심론과 대립되고, 인식론적 차원에서 실재론은 관념론과 대립되었는데, 이것은 근대철학에서 유물론은 실재론적 입장의 세계를 구성하는 '물질적 실체'에 근거를 두면서 존재론이라는 형식으로 자기주장을 해왔던 데 반하여, 관념론은 유심론적 입장에서 사고하는 정신에 근거를 두고 인식론적

유물론이라는 말은 18세기에 생겼지만, 그 사고는 초기 그리스 철학에서 이미 볼 수 있었다. 예를 들어 데모크리토스의 원자론에 따르면 원자와 공간 이외에는 아무 것도 존재하지 않는다. 세계의 모든 사물의 성질은 이 사물들을 구성하는 원자의 형태 · 크기 · 위치와 결합된 조밀도(稠密度)에 따라 설명된다. 모든 현상은 원자의 기계적 작용에 의해 생기며 필연적으로 결정되는 것이다. 영혼의 작용도 원자적 작용의 일종이라고 생각했다.

소크라테스와 플라톤 이후, 중세를 통해서 유물론이 쇠퇴했으나 근세에 이르러 베이컨, 홉스, 가상디 등을 선구자로 18세기의 영국과 프랑스에서 각각 독자적으로 유물론을 발전시켰다. 독일의 경우에는 19세기에 이르러 헤겔의 관념론을 비판한 포이어바흐가 있고, 그 영향을 받은 마르크스와 엥겔스가 변증법적 유물론을 완성시켜 현대사상에 큰 영향을 끼쳤다. 이상의 역사적 과정에서 나타난 근대 유물론의 특징을 다음의 네 가지로 설명할 수 있다.

첫째, 과학주의이다. 유물론의 근본주장은 "존재하는 것은 모두 물질적이다"라는 데 있다. 그런데 이때 '물질'이란 무엇인가 하는 점에 대해서는 여러 가지 입장이 있다. '물질'의 특질로는 예를 들어 질료불가입성(不可入性), 관성(慣性) 등 주로 자연과학적인 관점에서 기술되고 규정되는 것들이다. 유물론자들은 그 시대의 자연과학적 성과를 토대로 철학적 입장을 구성한다는 이른바 '과학주의'적 태도를 취한다. 마르크스주의에

으로 전개해왔기 때문이라고 생각할 수 있다. 그럼에도 흔히 유물론이 관념론의 대어(對語)로 사용되는 이유는 19~20세기에 걸쳐 커다란 영향력을 끼친 엥겔스가 용어법으로서 '유물론과 관념론'이라는 대어를 사용한다는 사실과 그것을 계승한 레닌이 '오해를 초래하는 것'이라고 하여 '실재론'이라는 용어를 배척하였다는 사정에서 비롯되는 것이다.

서는 물질을 "우리의 의식에서 독립된 객관적 실재"로 보고, 물질에 관한 과학적 인식의 내용과는 원리적으로 구별하고 있다. 그러나 이른바 과학적 사회주의를 주창한다는 점에서 그의 입장에는 '과학주의'적인 요소가 많이 함축되어 있다.

둘째, 결정론이다. '과학주의'와 관련해서 유물론은 일종의 '결정론'을 취한다. 이것은 "모든 사물의 변화는 선행하는 물질적 조건과 그것을 포함하는 법칙성에 의하여 결정된다"는 관점으로서 사물에 대한 인과율의 지배를 인정하는 견해이다. 이것으로 인간의 자유의지를 전혀 인정하지 않거나, 아니면 어떤 법칙성에 따르는 것으로 본다. 마르크스주의에서는 "자유란 필연성의 인식이다"라고 보고, 법칙적 필연성의 인식에 의거한 법칙성의 기술적 이용을 인간의 자유라고 보고 있다.

셋째, 감각론이다. 이러한 법칙성의 인식에 근거하여 유물론은 감각만을 인식의 원천으로 인정하는 감각론의 입장을 취한다. 이것은 인식내용의 원천을 물질적 외계에서만 구하고 내적, 주관적인 것의 혼입을 배제하려는 것이다. 따라서 일반적으로 상상력에서 유래하는 것, 감각적 경험에 의존하지 않는 선험적(先驗的)인 것의 역할은 부정된다. 엥겔스가 영국의 경험론을 평하여 '부끄럼쟁이의 유물론'이라고 말하였듯이 유물론은 경험론과 함께 감각론의 입장을 취한다는 점에서 가깝다. 그러나 경험론은 감각의 원인으로 비감각적인 실체(유물론이 인정하는 '물질')를 인정하는 일은 없다는 점에서 유물론과 구별된다.

끝으로 무신론적 관점이다. 존재하는 것 모든 것이 물질적인 것이기에, 신이나 정령과 같은 비물질적 존재는 인정되지 않는다. 더구나 세계의 사상(事象)이 물질적 법칙성에 의해 결정되고 있을 때 세계의 변화를 관장하고 거기에 목적을 부여하는 신적인 것은 설명의 편법으로서도 배제된다. 이런 차원에서 유물론은 항상 무신론을 위한 강력한 논거가 되어왔다.

7. 인식의 타당성 - 진리란 무엇인가

인식론의 또 다른 주제는 진리(aletheia, veritas, truth, wahrheit)의 근거 문제이다. 진리란 일반적으로 시간과 공간을 뛰어넘어 항상 참되고 올바른 지식을 말한다.[41] 우리는 일상생활에서 "그것은 진리다"라는 말을 자주 듣게 되고, 다른 사람이 "무엇이 진리이다"라고 말을 했을 때 그 말을 수긍하기도 하고 부정하기도 한다. 이처럼 우리들은 자주 진리 검증을 요청하기도 하고 요청받기도 하는데 이런 상황에서 정확한 해답을 찾으려고 노력한다. 이때 필연적으로 요구 되는 것이 진리의 근거 혹은 진리 주장의 조건이다

과학적 명제나 판단일 경우에는 진리검증의 작업이 비교적 용이하나 형이상학적, 종교적 명제의 경우에는 어렵거나 불가능할 수 있다.[42] 따라서 신앙적 차원에서의 믿음 역시 진리임을 주장하려면 나름대로 정당

41) 진리와 비슷한 말로 사실이란 용어가 있는데, 진리가 경험세계와 비경험세계에 대한 참된 지식에 두루 쓰이는 반면, 사실은 경험세계 한정하여 쓰이는 경향이 있다. 그리고 진실이란 말은 사실과 비슷하게 쓰이면서 주로 사람의 심리적 사실을 나타낸다는 점에서 철학에서는 주로 진리가 쓰인다.

42) 종교단체에서 절대자나 교주의 말씀이란 이유로 진리란 말을 많이 쓰고 있지만 그것은 철학이나 과학에서 말하는 진리와는 많은 차이가 있다. 예를 들어 신앙인들이 어떤 사실을 믿고 있을 때 그것을 왜 믿느냐고 물으면 이에 대한 답은 "진리이기 때문에"라는 것이다. 왜 그것이 진리냐고 묻는다면 "그렇게 믿기 때문에"라고 대답한다. 그러나 이러한 대답은 "믿기 때문에 믿는다"와 같은 의미로서 일종의 순환논증에 불과하다고 볼 수 있다.

한 근거를 제시하여야 한다.[43] 따라서 철학은 이러한 경우를 포함해서 진리라고 주장하는 모든 주장이나 명제에 대한 검증에 도전해야 한다. 철학은 과학뿐만 아니라 다른 분야, 예술과 종교 등의 영역에까지 진리와 관련된 문제에 대한 논의와 해답을 제공해야 하기 때문이다.

그렇다면 진리의 정당한 근거나 조건은 무엇인가? 여기에서 세 가지 기준이 제시된다. 첫째, 우리가 주장하는 진리는 객관적 사실과 일치해야 한다. 둘째, 진리는 우리가 이미 알고 있는 진리의 체계에 부합되어 모순이나 갈등을 일으키지 않아야 한다. 셋째, 진리는 실용적이어야 한다. 첫째가 대응론, 둘째가 정합론, 세 번째가 실용주의이며 이 세 가지 중에서 앞의 두 가지가 전통적이라면 마지막 세 번째는 보다 현대적이라고 할 수 있다.

1) 대응론

대응론(對應論 correspondence theory of truth)은 모사설, 일치설 등으로도 불린다. 대응설은 우리의 인식은 외부세계의 사물인 대상이 우리의 마음에 그대로 비추어짐으로써 성립한다는 고대 그리스 이래의 학설을 계승하는 것이다. 이때 인간의 믿음, 인식, 판단이 참인지 거짓인지의 판별문제는 그러한 믿음, 인식, 판단들에 대응하는 대상 혹은 사실이 존재하느냐 존재하지 않느냐에 달려 있다. 참된 진술이라면 그 진술과

43) 대부분의 지식은 실재적인 사태나 관계를 표현하고 있으므로, 인식론의 기본 전제인 가지론(可知論)과 불가지론(不可知論) 둘 중에서 가지론을 선택해야만 진리로 나아갈 수 있다. 한편, '거짓된 진리'란 말은 논리적으로 볼 때 모순된 말이지만, 현실적으로 볼 때 진리로 믿었던 것이 거짓으로 밝혀지는 경우가 있으므로 '거짓된 진리'란 용어를 쓸 수도 있을 것이다.

일치하는 객관적 대상과 사실이 항상 있어야 한다. 결국 우리 내부의 관념들은 우리 외부의 실체(=사실)에 의하여 진리가 밝혀지는 것이다. 이리하여 대응론은 인식론의 실재론과 통하는 면이 있고, 경험론과도 일치하는 부분이 있다.[44)]

어떤 믿음이든 그것은 'S는 P이다' 라는 형식으로 일반화할 수 있다 이때 S는 Subject 주어를 의미하고, P는 Predicate 술어를 의미한다. 그리고 이렇게 일반화된 형식을 명제(proposition) 혹은 판단(judgement)이라고 부른다. 따라서 어떤 믿음의 참, 거짓 여부는 그 명제의 진리 문제와 동일하다고 볼 수 있다. 전통적으로 진리는, '사물과 지성의 일치(adaeqllatio rei et intellectus)'라고 정의되는데 이를 달리 표현하면 '사물에 대한 지성의 일치(adaeqllatio intellectus ad rem)'라고 할 수 있다. 이리하여 대응설은 사물의 객관적 존재이미 당연한 사실로 전제하고, 다만 그것을 기술하는 우리의 명제, 판단, 믿음이 옳거나 틀릴 수 있다는 데서 출발한다.

예컨대 "2002년 대통령 선거에서 노무현 씨가 당선되었다"라는 믿음을 우리는 참인 믿음으로 간주한다. 그리고 반대로 "2002년 대통령 선거에서 이회창 씨가 당선되었다"라고 믿는다면, 우리는 그것을 거짓 믿음

44) 따라서 대응론에 대한 비판 역시 경험론에 대한 비판과 대부분 일치한다. 예를 들어서 (1) 모든 진술은 인간 내부의 관념을 표현한 것이다. 이러한 관념이 어떻게 외부의 실체(=사실)과 완전하게 대응한다는 보장이 있는가? (2) 우리의 불완전한 감각기관이 어떻게 외부의 실체(=사실)을 완벽하게 모든 것을 알아 낼 수 있는가 (3) 수학이나 과학의 법칙에 완전히 대응하는 사실이 있는가? 즉 2+3=5와 정확히 일치하는 사실은 없다. 2개의 사과와 3개의 사과를 합하면 5개가 되지만 그들 각각은 질적으로나 양적으로도 각각 다르다. (4) 질량보존의 법칙이란 과학적 법칙이 있다. 그러나 실재적으로 질량이 100%로 완전히 보존되는 상황은 존재하지 않는다. 최소한 전자단위의 무게는 변한다.

으로 간주한다. 왜냐하면 전자의 믿음은 실제의 선거 결과와 일치하지만, 후자는 그렇지 못하기 때문이다. 한편, 우리는 참과 거짓을 분별할 수 없는 명제들도 보게 되는데, 그것은 미래에 시점을 둔 판단, 가령 "2020년에 세계 종말이 온다"와 같이 아직 명제와 비교해 보아야 할 대상인 실제 현실이 존재하지 않는 경우와 "피터 팬은 날 수 있다"와 같은 허구적 세계에 존재하는 대상과 관련된 명제이다.

앞에서 명제의 확실성을 좀 더 자세히 살펴보면 우리의 믿음은 주어(S)와 술어(P)를 연결함으로써 성립한다는 것을 알 수 있다. 즉 '사람', '개', '케자르', '고래' 등의 주어와, '죽는다', '네 발을 가졌다', '루비콘 강을 건넜다', '포유류이다'라는 술어는 그 자체로 명제는 성립하지 않는다. 그것들이 제 3의 요소인 계사(copula) 즉 "-는 -이다"(is)를 통해서 연결됨으로써 명제는 성립하게 되며 이때 비로소 하나의 판단도 가능하게 된다. 이어서 이러한 연결을 통해 만들어진 명제와 그것이 지시하는 사물 혹은 사태와의 일치여부를 확인함으로써 우리는 명제의 참과 거짓을 규정할 수 있는 것이다.

그러나 대응론은 그 명제의 타당성 자체를 위협하는 치명적인 약점을 안고 있다. 명제 "S는 P이다"가 사실 혹은 사태와 일치할 때 참이라고 하는데 문제는 이 명제와 사실의 일치여부를 확인하는 방법 혹은 과정에서 발생한다. 왜냐하면 대응론의 전제에 의해서 명제 "S는 P이다"는 이미 객관적인 사실과 일치한다고 인정하지만 이 일치한다는 사실을 다른 방법 즉 제 3의 방법을 통해서 객관적인 것으로 확인하지 못하는 한 이 사실은 하나의 믿음에 불과하거나 거짓을 진리로 인식하는 것이다.

역사적인 사실의 경우, 이러한 난점은 더욱 두드러진다. 예를 들어 "김유신은 신라의 장군이었다"라는 주장(명제)이 참인지 거짓인지 판별하기 위해서 우리가 검증의 기준으로 삼는 것은 "김유신은 신라의 장군이다"라는 역사적 기록뿐인데, 문제는 우리가 알고 있는 이 역사적 기록의 진리여부이다. 이 기록의 진실여부는 또 다른 검증을 통해서 확인해야 하는데 문제는 이때 사용되는 또 다른 검증의 진실여부는 어떻게 확인하느냐이다. 다시 말해서 이 기록 자체의 정당성은 이 기록이 스스로 보여주지 않기에 이 역사적 기록의 사실여부를 확인하기 위해서 우리들은 또 다른 기록을 찾아야 하고 다시 찾아낸 역사적 기록의 사실여부를 확인하기 위해서 또 다른 기록을 찾아야 하는 것이다.

이처럼 사실은 계속해서 다른 사실과의 일치라는 무한소급을 요구한다는 것이다. 즉 검증을 위한 기준의 자격을 가진 것이 계속 검증의 대상이 되고 마는 사태가 지속된다는 것이다. 무한소급의 문제는 결국 바로 순환논리의 문제이며 이런 측면에서 대응론은 경험적 차원의 유용성에도 불구하고 논리적으로는 커다란 약점이 있는 것이다. 그렇다면 진리여부는 대응관계에 의해서 확인 되는 것이 아니라, 다른 근거에 의거해서 확인해야 함을 인식하게 되고 이때 대안으로 거론되는 것이 정합론이다.

2) 정합론

정합론(整合論 coherence theory of truth)은 명증설, 통일설 등으로도 불리고 있다. 정합론이 주장하는 것은 우리의 믿음은 우리의 다른 믿음들과, 나아가 우리의 믿음의 전체 체계와 일치할 때 참이라는 것이다. 이리하여 구체적인 대상과의 대응이 아닌 명제 자체의 내적 합리성, 즉 정합을 진리의 기준으로 삼게 된다. 이는 달리 말해서 진리란 우리가 이미 받아들이고 있는 언어체계와 논리체계 속에서 다른 명제들과 논리적 모순을 일으키지 않는 자명한 개념들로 구성되어야 한다는 것이다. 이렇게 볼 때 대응론이 경험론과 일치하는 부분이 많듯이 정합론은 관념론이나 합리론과 일치하는 부분이 많다.[45)]

정합론은 인간 정신의 명석하고 창의적인 활동에 의하여 자명한 이상적 지식을 얻을 수 있다는 믿음에서 출발하며, 대응설이 진리판단의 기준을 외부의 대상에 두는 외재적 진리개념이라면, 정합론은 진리판단의 기준을 우리 내부의 관념에 두는 내재적 진리개념이라 할 수 있다. 따라서 정합론의 관점에서 보면, 대응설에서 주장하는 실제의 사실과 그것에 대응하는 진술된 명제의 관계라는 문제는 우리가 실제의 사실에 접근하면 할수록 진술된 명제는 점점 불명확하고 일면적인 부분만을 나타낼 뿐이기에 극단적으로 어떤 진술된 명제도 실제의 사실에 완벽하게 대응할 수 없다는 것이다.

그러므로 진술된 명제의 진리 검토는 그 명제가 속한 명제의 체계 속에서 모순성 여부를 통하여 실행되어야 하는 것이다. 만약 어떤 명제가 그 명제가 속한 체계와 모순된다면 그 명제는 거짓이고, 그 체계 속에 모순 없이 포함될 수 있다면 그 명제는 참된 명제이다. 예를 들어 7+5=12라는 수학적 진술은 수학적 체계의 공리, 규칙, 개념들로 부터 자명하게 도출되며, 이러한 수학적 체계와 모순을 일으키지 않는다. 따라서 그것은 참된 진술이며 찬된 지식이다. 반면에, "이 삼각형은 네 개의 변을

---

45) 데카르트는 수학적 공리와 규칙, 논리적 공리와 규칙 등은 우리의 이성이 명석하고 자명하게 판단함으로써 얻어지며, 그것들이 바로 진리라고 생각하였다. 또 라이프니츠는 수학적, 논리적 진리 이외에 과학적, 물리적 진리를 어떻게 다룰 것인지 고민하였다. 경험에서 얻은 지식은 불분명하고 일시적인 지식이긴 하나 그것이 이성에 의해 명석판명하게 개념적 지식으로 바뀌면서 경험적 과학지식도 진리가 될 수 있다고 보았다. 그가 보기에는 모든 경험적 자연과학지식이 수학과 논리학으로 환원되기에는 어려움이 많았던 것이다.

가지고 있다"라는 진술은 우리가 수학적 공리로 알고 있는 "삼각형은 세 개의 변을 가진다"라는 진술과 모순되며, 변의 개수에 따르는 도형의 정의에 의하면 세 개의 직선으로 이루어진 도형을 삼각형이라 하므로 "이 삼각형은 네 개의 변을 가지고 있다"라는 진술은 거짓이 된다.

그러나 정합론 역시 문제가 없는 것은 아니다. 대표적으로 이 정합의 근거를 어디서 확보할 수 있느냐이다. 한 명제가 그 체계속의 다른 명제들과 모순을 일으켰을 때, 다른 명제들은 참이고 한 명제가 거짓이라는 사실을 무엇으로 보증할 것인가? 예를 들어 논리적 타당성을 보여주는 삼단논법이나 '삼각형 내각은 180도'라는 수학적 진리는 그 정당성을 단지 관념적인 약속에서 찾을 수 있을 뿐 그 정당성을 수학 공식 자체가 담지하고 있는 것은 아니다.

나아가서 이성에 의한 명석하고 명백한 판단은 어떤 객관적 근거로 명석하고 명백하다고 할 수 있는가? 이것은 어디까지나 주관적 판단에 불과하다. 이처럼 진리이론이 매우 추상적이며 우리의 현실적 삶과 철저하게 유리되어 있다는 점에서 정합론은 매우 편협하다는 근본적인 약점으로 보여주는 것이다.

3) 실용주의

실용주의(pragmatism)는 미국의 철학자 퍼스나 제임스로 대표되는 철학으로 관념이나 사상을 행위(行爲, pragma)와의 관련에서 파악하는 입장이다. 구체적으로 설명하자면 인간 생활의 본질은 정의적 활동이며 지적 인식은 이러한 활동에 이바지하기 위한 도구에 불과하다. 그러므로 진리를 위한 진리탐구는 무의미하며 진리는 반드시 생활에 관계하는 것이 아니면 안 된다. 그런데 생활양식은 개인에 따라 동일하지 않다. 따라서 진리도 각 사람의 공통의 것일 수 없기에 보편적이지 않고 상대적일 뿐이다. 따라서 진리의 진위를 결정하는 표준은 결국 다수에게 미치는 실제적인 효과에 있다. 즉 다수의 생활에 유익한 결과를 가져오면 진리이고 그렇지 않으면 허위이다.[46)]

퍼스[47)]에 의하면 예를 들어서 '약하다'는 관념은 그 대상에 힘을 가하면 곧바로 부서진다는 것을 뜻한다. 이처럼 어떤 관념의 의미를 명확하게 하기 위해서는 그 관념의 대상에 대해 어떤 실험을 하여 어떤 결과가 나타날 것인지를 생각해보면 된다. 퍼스는 이런 결과를 추출해낼 수 없는 관념은 무의미한 관념이라 해서 철학 상의 논쟁 범주에서 제외되어야 한다고 주장하였다. 관념의 의미를 명확히 하는 방법으로서 제안된 퍼스의 실용주의를 진리에 관한 이론에 응용한 사람이 제임스이다.

제임스에 의하면 신이라고 하는 관념도 신을 믿음으로써 용기를 가지게 되는 결과를 가져온다면 그것이 신에 대한 관념의 유용한 의미이며 이러한 유용한 결과를 가져오는 한, 신이 존재한다는 관념은 진리라는 것이다. 과학적 진리 역시 그 결과에 의해서 지지여부가 결정되기 때문에 실용주의는 과학적 방법의 진리를 무조건 정당화하는 철학은 아니라는 것이다. 제임스의 사상을 이어받아서 과학에 대한 이러한 관점을 실용주의 차원에서 평가받게 한 철학자가 듀이이다.

듀이에 의하면 학자들은 '지식을 위한 지식'을 추구하는 경향이 있는

---

46) 이런 차원에서 인식론에서의 실용주의는 윤리이론에서의 공리주의와 동일한 이론적 토대에 근거한다.

47) 퍼스(C. S . Pirce)는 1878년에 발표한 자신의 논문 <어떻게 하여 우리들의 관념을 명료히 할 수 있는가?>에서 실용주의라는 말을 처음 사용하였는데 어원은 그리스어 pragma에 있고 '실행', '행위'라는 뜻을 가지고 있다.

데 그러나 생활에 변화를 가져오지 못하고 그 자체로 추구되는 지식은 의미가 없다고 주장한다. 예를 들어, '지구는 태양 주변을 돈다'라는 주장은 그 자체로 중요하지 않다. 이 주장의 가치는 실제로 지구가 태양 주변을 돈다는 사실에 달려 있기보다는, 이 주장이 '태양이 지구 주변을 돈다'라는 견해보다 더 유용한 결과를 낳는지에 있는 것이다. 지식은 일상생활을 살아가기 위한 '도구'일 때만 가치가 있다.

이처럼 지식을 그 자체로 추구하지 않고 생활에 도움이 되는 수단으로 보는 듀이의 견해를 특히 '도구주의(Instrumentalism)'라고 부른다. 또한 일상에서 여러 생활도구는 시간이 지남에 따라 개선되고 진보하기 마련이다. '지식이라는 도구'도 마찬가지이다. 절대적으로 참되고 변화하지 않는 지식이란 없다. 지식은 끊임없이 변화하고 진화한다. 따라서 절대적인 진리를 추구하는 철학자들의 노력은 무의미하다. 따라서 우리는 이런 헛된 노력을 버리고 생활에 더 많은 유용함을 가져오는 '더 나은 지식'을 추구해야 하는 것이다.[48)]

실용주의는 본래 주지주의에 반대하면서 제기된 사상인 만큼 정의를 강조하고 이성주의, 절대주의에 대하여 경험주의, 상대주의를 주장한다. 그것은 자칫 공리공담에 빠질 수 있는 개념적 혹은 사변적 철학에 반성의 기회를 주고 철학을 현실 생활의 영역으로 되돌릴 수 있는 실천적

---

48) 듀이의 견해는 과학지식을 강조하는 그의 교육관에도 잘 나타나 있으며 듀이의 이러한 지식관은 도덕 윤리에 대한 견해에도 그대로 적용된다. 철학자들은 선(善)과 윤리적인 사람이란 과연 어떤 것인지에 대해 고민해 왔다. 그러나 윤리가 그 자체로 중요한 것은 아니다. 진정 가치 있는 것은 윤리 자체에 대한 탐구보다는 오히려 사람들을 도덕적으로 행동하게 하고 사회를 발전시키는 것이다. 또한, 절대적으로 윤리적이고 선한 것이란 없다. 윤리란 시대 상황에 따라 변하기 마련이다. 따라서, 중요한 것은 무엇이 윤리적인지를 밝혀내는 것이기보다는 지성을 최대한 발휘하여 각 상황 상황에서 나 자신과 사회를 발전시킬 수 있는 윤리적 판단과 행위를 해 내는 것이다.

의미를 가지고 있다.

그러나 관념이나 지식을 상황을 바꾸기 위한 도구에 불과하다는 관점은 지식을 진리성 혹은 진위성보다는 유용성에 중점을 둔다는 점에서 지나치게 상대화시키며, 오로지 쓸모 있는 것만이 진리라고 주장함으로써 진리의 결과를 결정할 수 있게 하는 보편적 기준을 제공해 주지 못하는 것이다. 결국 실용주의는 진리에 대한 학문적 노력을 쉽게 거부하게 만든다는 의미에서 지식에 대한 회의주의와 상황주의에 빠져들게 하는 한계를 노출하고 있는 것이다.

4) 진리이론의 한계

이상에서 살펴보았듯이 대부분의 진리이론이 갖고 있는 중요한 약점의 하나는, 그것들 모두가 오로지 명제 내지 판단의 진리만을 가리고자 하는 데 있다. 이는 그리스로부터 비롯된 서양철학의 논리학적 전통, 즉 명제적 진리와 사태적 진리를 모두 포괄하는 근원적인 진리의 개념이 오직 명제적 진리로만 축소되는 과정에서 비롯된 결과이다. 그 결과 명제적 진리는 믿음, 판단이 맞느냐, 틀리냐에 국한되는 것이지, 어떤 대상이 참된 것이냐 그릇된 것이냐를 판별하지는 못한다. 예를 들어 '참된 교육', '참된 친구', '참된 국가' 등이 문제시될 때, 명제적 진리관은 단지 기술적(descriptive)인 측면에서의 참과 거짓에만 관심을 가질 뿐, 규범적(normaive) 측면에서 그 사태의 정당성 여부에는 무관심한 것이다.

이러한 사태적 진리관의 문제점을 인식하고 이를 해결하고자 노력한 철학자로서 헤겔, 하이데거 그리고 마르크스 등이 있다. 헤겔은 공동체 전체의 윤리적 상황을 고려한 '인륜'이라는 개념으로, 하이데거는 존재자가 아닌 현존재로서의 인간에게 요구되는 '실존적 결단'이라는 개념으로, 마르크스는 물적(경제적) 토대라는 구체적 상황에서 인간에게 요구되는 공동체에 대한 윤리적 연대의식을 통해서 각각 해결하려고 하였다.

지금까지의 고찰을 통해서, 어떤 믿음이 '앎'이 되기 위해서는 여러 가지 까다로운 조건들을 충족시켜야 한다는 것도 알게 되었다. 그러나 이를 그대로 받아들이면 우리가 엄밀한 의미에서 '앎'이라고 부를 수 있는 것들이 그리 많지 않다는 것을 알게 된다. 왜냐하면 이 기준에 따르면 오로지 자연과학적인 명제들만이 앎의 지위를 얻을 수 있기 때문이다. 그것들은 어떤 식으로든 앞에서 말한 경험적 차원에서의 사물과의 일치나 전체 논리 체계 안에서의 정합성을 띤 것들이 때문이다.

데카르트에 따르면 명석하고 판명한 인식만이 참된 인식이 될 수 있다. 바로 이러한 경우에 생겨나는 물음은 "그렇다면 과학적 지식 이외의 다른 형태의 정신적 산물들은 앎이라는 자격을 받을 만한 자격이 없는가?"이다. 이 문제는 우리가 삶의 과정에서 예술과 종교를 통해서 학문적 지식 이상의 가르침을 받는다는 사실과 감안할 때 합리성으로 무장된 과학적 지식이 과연 자신의 절대성을 얼마만큼 주장할 수 있는가 라는 의문을 제기할 수밖에 없다.

8. 예술과 종교 그리고 인식의 문제

역사적으로 예술과 종교가 오랜 기간 동안 인류의 스승 역할을 해왔음에도 불구하고 합리주의자나 경험주의자 모두 예술이나 종교를 통한 진리 인식의 가능성을 부정하면서 오로지 학문적 명제들만이 '인식'

이라는 칭호에 부합된다고 주장하였다. 이러한 논거로 주장되는 것은 학문(이때의 학문이란 주로 자연과학을 의미한다) 이외의 다른 형태의 진술들은 어떤 허구나 검증되지 않은, 혹은 검증될 수 없는 공상에서 나온 산물이기 때문에 진정한 앎을 위해서는 철저히 배격되어야 한다는 것이다. 즉 과학적인 믿음들만이 참된 의미의 말(logos)이며, 다른 것들은 꾸며낸 말(mythos)이다.

예술의 경우, 플라톤은 존재론적인 차원과 인식론적 차원에서 예술을 공격하였고 결국 '시인 추방론'이라는 과격한 결론에 이르게 된다. 플라톤에 의하면 화가의 그림은 이데아의 세계를 모방한 현상계의 사물을 또다시 모방한 것으로서 사물의 참모습과는 두 단계나 떨어져 있으며 시 역시 뮤즈에 의한 영감이라는 이성적이지 못한 광기의 산물로서 무지의 극단적인 전형이 되기에 이상적인 공화국을 짊어질 청년들의 정신함양에 극히 해롭다는 것이다. 이는 허구라는 예술의 존재론적 특성과 상상력이라는 창조적 근원을 공격하는 것으로서, 이러한 견해가 극복되지 않는 한 철학자들에게 예술의 인식적 가능성은 옹호되기 힘들다.

아리스토텔레스는 '시는 역사보다도 더 철학적이다'라는 그의 유명한 명제로써 플라톤을 넘어설 수 있는 길을 마련했다. 학문으로서의 역사가 단지 개별적인 사실들만을 기술하는 반면, 예술적 표현으로서의 시는 비록 대응론적으로 보자면 허구이지만 오히려 그것을 통해 보편성을 드러내기 때문에 더 큰 인식적 가치가 있는 것이다 이러한 관점은 비평용어인 '카타르시스(katharsis)'에서 더욱 잘 나타난다. 카타르시스는 아리스토텔레스가 <시학>(Poetica)에서 진정한 비극이 관객에게 주는 효과를 묘사하기 위해 사용한 은유적 용어로서 그에 의하면, 비극의 목적은 '공포와 연민'을 불러일으키고, 나아가 이런 감정들을 정화하는 것이다.[49] 따라서 비극을 비롯한 예술작품은 관객이나 독자에게 건전하고 교훈적인 영향을 미친다는 것이다.

문제는 과학이나 철학이 지금처럼 발전한 단계에서도 여전히 예술에 그러한 인식적 가치를 부여할 수 있는가 하는 것이다. 이리하여 비코와 헤겔 같은 철학자는 이성에 의해 작동되는 과학시대의 개막은 동시에 감수성에 의해 작동되는 예술의 시대가 막을 내리는 것을 의미한다는, 유명한 '예술종말론'을 주창했다. 즉 예술이 인간에게 지식의 역할을 할 수 있는 것은 오로지 인류 전체의 지적 수준이 유아기나 청년기에 있을 때 일 뿐, 지성이 성숙하여 이성적 사유를 할 수 있게 되면 과학이나 철학이 그 역할을 이어 받는다는 것이다. 따라서 과학과 철학의 시대에서도 예술은 여전히 인식적인 역할을 할 수 있다는 주장이 가능하기 위해서는, 예술의 수단인 감각적 표현이 과학이나 철학의 표현수단이 비해 열등한 산물이 아닌 것을 입증해야만 한다는 것이다.

현대의 여러 예술현상들은 우리에게 그러한 반박을 위한 단서들을 제공해 주고 있다. 즉 현대예술은 본질부터가 극히 개념화된 것으로, 고도의 지적 능력을 동원하지 않고는 감히 접근조차 어려운 수준에 있는 것이다. 이 경우 예술적 감각성은 과학의 단계가 도래하기 이전의 원시적 형태의 매체가 아니라, 이미 고도의 이성적 사고를 거친 학문 이후의

---

49) 아리스토텔레스의 말이 정확히 무엇을 의미하는지는 수백 년 동안 비평가들 사이에서 논란의 대상이 되어왔다. 독일의 극작가이자 문학비평가인 고트홀트 레싱(1729-81)은 카타르시스가 지나친 감정을 고결한 기질로 바꾸어준다고 주장했다. 또 다른 비평가들은 비극을 도덕적 교훈으로 간주하고, 비극 주인공의 운명이 불러일으킨 공포와 연민은 관객들에게 비극의 주인공처럼 신의 뜻을 거역하지 말라고 경고한다고 주장했다. 가장 널리 받아들여지고 있는 해석은 관객이 통제된 상황에서 주인공과 똑같은 공포를 경험하고 있다고 느낌으로써 자신의 불안을 외부로 발산하고, 비극의 주인공과 자신을 동일시해 공감함으로써 통찰력과 시야를 넓힌다는 것이다.

단계로서 고찰되어야한다. 예술적인 허구는 따라서 단순한 허위나 가상으로서 사태를 투명하게 표현하지 못하는 저급한 진술양식이 아니라, 고급한 인식을 이미 갖추었음에도 의도적으로 그것을 미적인 차원으로 재객관화하는 것으로 이해될 수 있다.

종교적 영역에 있어서 철학의 엄밀성을 능가할 인식적 가능성을 옹호하는 것은 예술의 경우에 비해 더욱 힘들어 보인다. 왜냐하면 어느 종교인도 자신의 신앙이 합리적 지식으로 설명 가능한 것이라고 주장하지는 않기 때문이다. 대부분의 종교인들은 자신의 믿음이 과학적인 지식을 넘어서는 것이라 주장하지만 엄밀한 논증을 요구하는 학문적 도전에 대해서는 그저 "믿으라"는 주장만 할 수 있을 뿐, 학적 인식을 논박하지는 못하기 때문이다. 이 때문에 종교는 철학을 할 수 없는 자들을 위한 유아적이고 저급한 사유방식이라는 주장까지 나오는 것이다.

그러나 다른 차원에서 종교적 가르침이 과학적 지식을 넘어서는 가치를 지니고 있음을 부정할 필요는 없다. 비록 논증적으로는 빈약한 주장이라도, 그것에 대한 절대적 믿음을 지니고 있는 한, 신앙인에게 모든 진리의 상대성을 주장하는 회의론적 지성보다는 신앙 혹은 종교는 더 심오한 세계를 경험하게 해 준다. 그러나 이러한 절대적 진리에 대한 주장도 가능한 종교 자체보다는 철학적 사유에 의해서 정당화될 때 더 큰 설득력을 보여준다는 것은 부정할 수 없다. 종교적 가르침들을 합리적으로 해명하고 논증하려는 학문인 신학은 이미 인간 이성이 같은 내용에 대해서도 단순한 종교적 신앙만으로는 만족하지 않음을 나타내는 징표가 된다.

따라서 종교의 인식적 가치에 대해서 열려 있는 길은 학문적 지식이 그 난이도로 인해 대개의 사람들에게 접근 불가능한 것인 반면에, 종교는 보다 친숙한 술어와 강력한 계명들을 통해서 많은 사람들을 도덕적으로 교화시킬 수 있다는, 일종의 실용적인 측면을 인정해야 한다. 물론 이 경우에도 종교적 신앙의 깊이가 반드시 종교인들의 삶의 도덕성과 비례하지는 않는다는 반론이 제기될 수 있다. 예를 들어 '성전(聖戰)'이라는 명목을 앞세운 광적인 신앙심이 십자군 전쟁과 9.11 테러와 같은 사건에서 어떠한 비합리적인 행태를 보여주었는가를 우리들이 기억하기에 종교에서 체계적이고 장기적인 윤리교육은 반드시 필요한 것이다.

그러나 보다 중요한 것은 20세기 역사를 볼 때 이러한 위험과 역기능으로부터 과학적 지식 역시 그리 자유롭지 못하였다는 사실이다.[50] 과학의 발전이라는 미명하에 가장 이성적인 인간이어야 할 과학자들이 너무나 반인륜적인 죄악을 자행하는 경우 역시 수없이 목격하였다. 그러나 이러한 부정적 모습의 이성은 참된 이성이 아니라, 특정 목적에 예속된 도구화된 이성으로서 반성적인 이성이 함께 갖추어질 때 참된 이성으로서 본래의 기능을 회복할 수 있을 것이다..

이것은 종교 내지 신앙의 영역에서도 마찬가지다. 인류의 역사에서 여러 가지 부정적 모습을 보여주는 신앙은 참된 신앙이 아니라, 광신적 신앙에 불과한 것이며, 신앙이 반성적인 그리고 합리적인 이성이 함께 갖추어질 때 비로소 참된 신앙은 성취될 수 있는 것이다. 결국 철학이 과학과 종교 그리고 예술에 끊임없이 질문을 제기하고 관심을 가져야 할 중요한 이유가 여기에 있는 것이다.

---

50) 히틀러 치하의 나치 의사들과 일본 관동군의 마루타 부대, 히로시마 나가사키에 투하된 원폭 등이 대표적인 경우이다.

9. 마르크스주의와 인식론

1) 인식과 실천

인식의 문제는 마르크스주의 철학에서 중심적 지위를 차지하고 있다. 그리고 전통적인 인식론은 두 가지 점에서 마르크스주의의 도움을 받아 변화되기에 이르렀다. 첫째, 유물론적 변증법을 의식의 분야에까지 확장한 것과 둘째 실천을 지식의 진리성의 기초 및 기준으로 도입한 것이 바로 그것이다. 유물론적 변증법은 외적 세계 및 인간 사고의 운동에 관한 가장 일반적인 과학이기 때문에 객관적 세계의 법칙과 사고의 법칙 사이의 분리와 단절에 종지부를 찍었다.[51] 이제 인식의 주관적 변증법은 변증법에 본질적으로 내재해 있는 객관적 법칙들이 객관적 실재를 인식하는 과정의 반영이다. 그리고 이 인식과정의 기초는 사회적 실천이다.

지식은 인간의 두뇌 속에 처음부터 존재하고 있었던 것이 아니라 인간의 생존과정에서 획득된 것이며 실천 활동의 결과이다. 인간이 새로운 지식을 획득해 가는 과정을 인식이라고 부른다면, 인식의 본질, 법칙성을 이해하기 위해서는 누가 인식의 주체인가, 즉 누가 객관적 실재를 인식하는가를 결정해야만 한다. 이것은 언뜻 보면 아무런 문제가 아닌 것처럼 보일 수도 있다. 왜냐하면 인식의 주체는 당연히 인간이기 때문이다. 그렇다면 인간은 어떻게 그 구체적 · 실재적 본질을 획득할 수 있

---

51) 엥겔스는 다음과 같이 말했다. "… 이 두 가지 계열의 법칙은 사실상 동일하나 나타나는 방식은 다음과 같은 점에서 다르다. 즉, 인간의 두뇌는 그러한 법칙을 의식적으로 적용할 수 있다. 하지만 그것들은 자연과 현재까지의 인류 역사상 대부분에 있어서 의식되지 않은 상태로 관철되고 있는 것이다."

는가?

인간은 감성을 표현하여 자연적 존재로서의 제 성질이 갖추고 있기에 자기의 두 번째 자연, 즉 사회적인 자연에서 문화와 문명을 창조해 낸다. 인간은 단순히 자연의 대상을 취득하는 것이 아니라, 그것을 자신의 욕망에 따라 변화시키며 노동을 통하여 창조한다. 인간이 자신의 동류(同類)에 대하여 일정한 관계를 갖는 사회적 존재이기 때문에 그렇게 할 수 있는 것이다. 이리하여 마르크스는 다음과 같이 말했다. "인간은 세계의 바깥에 존재하는 추상적 존재가 아니다. 인간은 인간의 세계이며 국가이고 사회인 것이다." 사회를 떠나서 인간은 존재하지 않으며 인식의 주체도 없다. 인식과정은 역사적으로 규정된 인간의 인식 능력의 구조, 즉 인식의 발전 수준에 의해 규정되며, 이러한 인식의 수준은 또한 현재의 사회적 조건에 의해 규정된다.

인간과 자연은 질적으로 다른 두 가지의 물질적인 계(system)이다. 인간은 사회적 존재이고 객관적인 방식으로 행동한다. 인간의 의식과 의지는 인간과 자연의 상호작용에 본질적인 영향을 미친다. 하지만 이 상호작용은 그 물질적 본성을 상실하게 하지는 않는다. 인간은 자신의 모든 수단과 자연적·인공적 수단을 통해 자연의 현상과 물질에 작용을 하고 그것들을 개조하면서 동시에 자기 자신을 변화시켜 간다. 이러한 인간의 객관적인 물질적 활동을 실천이라고 한다. 실천이라는 개념은 마르크스주의의 인식론뿐 아니라 철학전체에 있어 근본적인 개념이다.

사회적 생산은 인간의 실천 활동 중에서 가장 중요한 형태이지만 실천을 생산의 영역에만 제한시켜서는 안 된다. 이렇게 한정할 경우 인간은 의·식·주 등에 대한 자신의 욕망을 노동을 통해 충족하는 단순한 경제적인 존재로 전락해 버리고 인간의 의식은 순전히 기술적 성격을 띠게 될 것이다. 따라서 가장 넓은 의미에서의 실천은 인간 활동의 모든 객관적인 형태를 포함한다. 계급투쟁이나 예술, 과학의 발전과 같은 사회적인 현상을 위시해서 인간의 물질적, 정신적 문화가 창조되는 과정에서 나타나는 사회적 존재의 모든 측면을 포괄한다.

그러므로 모든 형태의 인간의 객관적 활동은 노동과 생산의 토대 위에 구축된다. 그리고 이러한 형태가 사물 과정, 객관적 실재의 법칙성에 대한 인식과 같은 형상을 낳는 것이다. 처음에 인식은 물질적인 생산으로부터 분리된 것이 아니라 생산에 합체(合體)되어 있었다. 그러나 그 후 문명의 발전과정에서 사상(정신)의 생산은 사물의 생산으로부터 분리되었고 인식의 과정은 상대적으로 독립된 이론 활동으로 전화되어 갔다. 결국 이것은 마르크스주의 철학이 우리에게 해결방법을 제시하고 있는 이론과 실천 사이의 대립과 모순을 만들어 냈다. 그리고 이러한 대립과 모순이 역사발전의 원동력이다.

2) 지식반영의 원리

이론과 실천의 상호관계를 분석하면서 우리는 이론이 실천에 의존함과 동시에 상대적으로 독립되어 있다는 것을 확인할 수 있다. 인식이 실천에 의존한다는 것은 인식의 사회적·역사적 성격을 설명해 주는 것이다. 인식의 모든 측면은 사회와 연관되어 있고 사회에 의해 규정되어 있다. 인식의 주체는 사회적 존재로서의 인간이며, 객체는 인식 활동이나 인간의 실천적 물질 활동으로 인해 나타난 자연의 대상이나 사회적 현상이다.[52] 그리고 인식 발전의 원천이 인간의 객관적 활동, 사회적

52) 인간은 자연으로부터 인식이 가능하기 위한 조건인 생물학적 전제를 받았다. 그것은 두뇌와 매우 발달된 신경계이다. 그러나 인간의 자연적인 기관은 사회 발전의 과정에서

욕망의 변화인 것은 인식이 사회적 본성을 가졌기 때문이다. 이 변화가 인식의 목표, 인식의 객체를 규정하고 사람들을 자극하여 점점 더 깊은 수준의 이론적 파악이 가능하게 되는 것이다.

한편, 유물론에서 지식과 객관적 실재 사이의 관계는 반영이라는 개념으로 표현된다. 반영이라는 것은 인간에 대한 대상의 작용이며, 대상의 형태가 인간의 감각기관에 밀랍처럼 각인되어있다는 것이다. 비록 반영이 마르크스주의 인식론에만 특유한 개념은 아니었지만, 반영의 개념은 마르크스주의 인식론 속에서 중요한 위치와 새로운 내용을 획득했던 것이다. 그러면 반영이라는 개념은 왜 필요한가? 지식의 내용과 원천이 어떻게, 또 어떠한 형태로 객관적 실재와 관계를 맺고 있는가를 문제로 삼을 때, 지식이 객관적 실재의 사물, 성질, 법칙의 반영이라는 것을 이해하지 않고서는 유물론의 철학적 입장을 이해할 수 없는 것이다.

인식론에 있어서 유물론은 인간의 의식으로부터 독립된 객관적 실재의 존재와 그것을 인식하는 능력을 인정하는 것으로부터 출발한다. 지식은 객체를 반영한다. 이것은 주체가 만들어 낸 사고활동의 형식이 궁극적으로는 주어진 객체의 본성, 성질, 법칙에 의해 규정된다는 것을 뜻한다. 즉, 지식의 내용은 객관적인 것이다. 그리하여 변증법적 유물론의 인식론은 반영원리에 의해 지식을 기초지우고 지식의 본성을 분명히 하며, 반영의 개념을 새로운 내용으로 채워 그것을 인간의 실천적이고 창조적인 활동에까지 확장시킬 것이다.

그 용도와 기능이 변화되어 왔다. 엥겔스는 다음과 같이 말했다. "따라서 손은 노동의 기관일 뿐만 아니라 노동의 산물이기도 하다." 사회적 활동으로 인해 인간의 감각기관, 뇌, 손은 위대한 미술가들의 회화나 조각, 천재적인 음악가들의 작품, 문학, 과학, 철학의 걸작과 같은 기적을 창조할 수 있는 능력을 갖게 되었던 것이다.

지식은 사회적 실천에 의해 검증된 현실의 적합한 반영이다. 그것은 객관적 실재의 제 현상의 성질과 법칙에 의해 규정되는 인간 활동의 형태이다. 다시 말해서 객체를 합목적적으로, 창조적·능동적으로 반영하는 방법인 것이다. 따라서 우리는 실천적 활동을 위해 인간의 의식이나 활동과는 독립적인 본래 그대로의 객관적인 세계를 완전하고도 정확하게 반영하는 지식을 필요로 한다. 여기서 우리는 지식의 진리성이라는 문제에 직면하게 된다. 앞에서 우리들은 전통적인 진리이론이 대응론, 정합론, 실용주의 등으로 구분할 수 있음을 알고 있다.

그러나 마르크스주의 철학은 진리에 대한 이러한 전통적인 정의에 만족하지 않고 이를 더욱 구체화하기를 원한다. 그리고 이때 객관적 진리라고 하는 것은 그 내용이 주관에 의존하지 않고, 개인이나 인류에게도 의존하지 않는 지식을 말한다. 이미 지적했듯이, 어떠한 지식이나 진리도 인간의 실천적 활동으로부터 떨어져서는 존재하지 않는다. 따라서 진리 일반을 개인과 인류의 특정 상황을 넘어 일종의 초월적·피안적 세계에서 찾으려는 객관적 관념론의 견해는 잘못된 것이다. 따라서 진리는 앞에서도 주장되었듯이 객관성, 즉 객관적 실재를 정확히 반영하는 내용을 지닐 때에만 진리이다.[53]

3) 실천과 진리

그러므로 객관적 진리에는 주체와 객체의 변증법이 표현되어 있다.

---

53) 이리하여 "전자는 모든 원소(元素)의 원자구조에 들어있다"라든가, "어떠한 자본주의 사회라 할지라도 한 계급에 의한 다른 계급의 착취를 기초로 한다"는 등의 주장은 객관적 진리이다. 왜냐하면 이러한 내용은 객관적 실재로부터, 그것을 인식하는 사람들의 의식과는 독립적으로 존재하고 있는 사태로부터 취해 온 것이기 때문이다.

즉 진리는, 한편으로는 그것이 인간 활동의 한 형식이라는 의미에서 주관적이며, 다른 한편에서는 그 내용이 개인에게도, 인류에게도 의존하지 않는다는 의미에서 객관적이다. 객관적 진리를 부정하는 형태는 다양하다. 주관적 관념론은 의식으로부터 독립된 실재의 존재를 부정함으로써 인간 지식의 객관적 내용, 객관적 진리를 부정한다. 예를 들어 실용주의는 진리를 실천으로부터 추출해 냈지만 이 실천은 효용을 성취하기 위한 주체적인 활동이라고 이해되고 있다.

예를 들어 버트란드 러셀은 진리를 신념의 형식이라고 생각했다. 즉 명제는 오로지 그것이 신념을 표현한다는 사실에 의해 뒷받침되지 못하는 하나의 신념이다. 이렇게 되면 신념을 뒷받침하는 사실이란 과연 무엇인가 하는 문제는 아직 해결되지 못한 상태로 남아 있게 됨으로써 진리의 결정적 요인으로서의 객관성은 결여되어 있는 것이다. 전통철학에서는 '절대적 진리'라는 용어가 여러 가지 의미로 사용되었다. 이것은 궁극적 진리이며 인간 이성의 노력과 잠재력의 극한적 실현으로서 거기에는 종종 세계 전체에 대한 완전하고 완결된 지식이라고 하는 관념이 숨어 있다. 그러나 현실적으로 이러한 능력은 사회의 무한한 역사적 발전과정 속에서 실현되어 간다.

달리 말한다면 인간 지식의 하나하나의 결과는, 그것이 객관적 실재의 인식과정의 한 계기라는 점에서는 무조건적으로 참이지만, 개개 행위로서는 인류 문명의 발전수준에 규정되는 한계를 갖고 있다는 점에서 일정한 한계를 가질 수밖에 없다. 따라서 온갖 노력을 기울여 궁극적 진리에 도달하고자 애쓰는 것은 헛된 시도에 불과한 것이다. 마르크스주의 인식론은 이러한 이론에 반대하면서 절대적 권리와 상대적 진리의 존재 모두를 인정하지만 객관적 진리에 도달해 가는 과정 속에서 양자의 상호관련을 분명히 한다. 절대적 진리는 존재한다.

왜냐하면 객관적으로 실시한 우리의 지식 가운데에는 이후 과학의 진전에 의해서 폐기되지 않고 단지 새로운 객관적 내용에 의해 풍부해져 가는 것이 존재하기 때문이다. 이와 동시에 각각의 시점에 있어서 우리의 지식은 상대적이다. 기본적으로 그것은 현실을 올바르게 반영하지만 일정 한계 내에서는 완전하지 못한 반영이며, 오로지 인식의 진전된 운동에 의해 정밀화되고 심화되어 간다.

마르크스주의는 진리의 기준이 궁극적으로는 지식의 기초인 활동, 즉 사회적 · 역사적 실천에 있다는 것을 보여줌으로써 이 문제를 해결했다.[54] 그렇다면 진리의 기준으로서의 실천의 힘은 어디에 있는가? 인식의 진리성의 기준은 두 개의 질을 가져야하며 이것이 인간을 지식의 분야에서 객관적 세계로 인도해야 한다. 첫째, 지식의 내용이 객관적인가를 확인할 필요가 있다. 둘째, 지식은 과학의 법칙이 잘 보여주듯이 보편적 성격을 띠고 있다. 그러나 하나의 보편성은 다른 보편성에 의해 증명된다. 개별적인 것을 아무리 많이 끌어 모은다 해도 개별적인 것만으로는 보편적인 것, 무한한 것을 증명할 수 없다.

인간의 실천은 이러한 특질을 갖고 있으며 그 본성에 보편성이 내포되어 있다. 따라서 인간의 지식이 '절대자'로 전환하는 것을 용납하지 않을 정도로 '불확정적'이며, 동시에 모든 종류의 관념론이나 불가지론과의 제한성을 발전과정 속에서 극복해 간다. 발전해 가는 실천은 지식으로부터 진실하지 않은 모든 것을 일소하고, 우리에게 필요한 새로운 성과를

---

54) 마르크스는 다음과 같이 쓰고 있다. "인간적 사고가 객관적 진리에 도달할 수 있는가 하는 문제는 어떤 이론의 문제가 아니라 실천적인 문제이다. 인간은 자신의 사고의 진리성을 실천에 있어서, 즉 그것의 현실성과 힘, 차안성(此岸性, this-worldliness)을 증명하지 않으면 안 된다."

얻을 수 있게끔 지식을 발전시켜 가는 것이다.

제 4 장 윤리학이란 무엇인가?

1. 사회적 존재로서의 인간

사람은 혼자서 살아갈 수 없다. 사람의 탄생 자체가 어머니와 아버지의 협력 속에서 이루어지고 이후에도 일정 기간 부모님의 보살핌을 필요로 하며, 또 다른 사람들과의 상호관련 속에서 살아간다. 인간이라는 단어가 사람과 사람 사이라는 뜻을 의미하고 있듯이, 사람의 본성 자체가 다른 사람들과 더불어 살아가는 공동체적 삶을 요구함을 알 수 있다. 물론 이러한 현상은 동물의 세계에서도 볼 수 있다. 대부분의 동물들도 출생 직후 일시적이나마 가족을 이루며 살아가며 어떤 동물들에게는 이러한 군집생활이 오랫동안 지속되기도 한다.

그러나 동물의 경우는 사람과는 달리 그러한 현상이 의식적으로 이루어지지 않는다. 다시 말하면 그것은 본능적이고 자연적 현상에 불과하다. 이에 반해서 구체적인 자각에 의한 공동체적 삶은 의식을 가지고 이성의 판단에 의해서 행위하는 인간에게만 가능한 것이다. 아리스토텔레스가 "인간은 사회적 동물이다"라고 했을 때의 '이성적'이라는 것은 바로 '사회적'임을 의미하는 것이다.

1) 이론철학과 실천철학

이처럼 사람이 이 세상을 살아간다는 것은 다른 사람들과의 관계 속에서 최선의 삶을 실현하면서 살아간다는 것을 의미하며 이러한 최선의 삶의 법칙을 우리들은 인륜의 법칙이라고 한다. 이러한 법칙은 사람의 실천을 통해서 나타나기 때문에 도덕에 관한 철학적 논의, 즉 윤리학을 인식론이나 형이상학과 같은 이론철학에 대비해서 실천철학이라고 부른다.[55] 물론 이론철학과 실천철학의 구분 자체가 그렇게 명확한 것은 아니고 이론철학과 실천철학 중 무엇이 더 중요한가를 쉽게 말할 수는 없지만 철학의 궁극적인 문제가 삶의 문제의 해결에 있고 이러한 삶의 문제해결이 도덕적 실천으로서만 가능하다면 실천철학이 이론철학보다 우위에 있다고 볼 수 있다.

그럼에도 도덕적 문제에 있어서도 실천적 규범은 이론적 지식을 무시할 수 없다. 예를 들어서 전통사회에서의 가장 큰 덕목인 수신제가(修身齊家)가 격물치지(格物治知)부터 가능하다는 것이나, 소크라테스가 지행합일(知行合一)을 주장하는 것은 올바른 행위가 올바른 지식으로 부터 비롯됨을 말해준다. 따라서 논리학, 형이상학 그리고 인식론은 윤리학을 위해서 반드시 필요한 지식인 것이다.

이미 언급했듯이 인간에게 있어서 도덕적 문제는 인간의 사회적 조건으로 부터 시작된다. 무인도에 도착한 로빈슨 크루소처럼 최초의 고립된

55) 철학의 이러한 구분은 아리스토텔레스로부터 기원하였는데, 아리스토텔레스는 학문(철학)을 세 종류로 분류하였다. 즉 이론적인 것(theoria), 실천적인 것(praxis), 제작에 관한 것(poiesis)이다. 첫 번째 이론적인 것에 속하는 학문은 자연학, 수학 그리고 형이상학(신학, 존재학)이며, 실천적인 것에 속하는 학문이 윤리학과 정치학이며, 세 번째는 지적 분야가 아닌 활동적인 분야로서 예술을 포함한 모든 제작행위를 의미한다.

상황에서는 도덕적 문제란 발생하지 않는다. 그러나 결국 로빈슨 크루소도 한 마리의 개, 그리고 한 명의 원주민 노예와 더불어 하나의 사회를 이루었듯이 인간에게 절대적 고립의 상태란 원초적으로 불가능한 것이다. 이렇게 인간의 삶이 사회로부터 벗어날 수 없다면 인간은 그가 속한 사회의 일정한 규범으로 부터 규제를 받는 것은 당연하다고 볼 수 있다. 이 사회적 규범은 일정한 생활양식으로 나타나는데 이러한 생활양식을 관습이라 부른다. 따라서 관습이야 말로 도덕의 모태가 되는 것이다.

도덕과 관습의 원초적인 관련성은 그 어원에서도 쉽게 드러난다. 도덕은 영어로는 Moral로 표기 되는데 이것은 라틴어 mores에서 온 것이다. 그리고 mores는 관습의 의미를 가지고 있다. 또한 독일어 Sitte 역시 도덕이라는 의미 외에 관습의 의미가 있다. 다시 윤리학의 어원을 보면, 영어의 Ethics나 독일어의 Ethik 모두가 그리스어인 Ethos에서 온 것으로 이 Ethos 역시 풍속 내지 관습을 의미한다.

물론 그렇다고 해서 관습이 모두 도덕이 아니듯이 도덕에 관한 문제도 모두 관습에 관한 문제는 아니다. 원시사회에서는 관습이 곧바로 도덕이고 법률이 될 수 있었지만 문화사회에서는 전통적인 관습은 차차 합리화되고 고정화되면서, 여기에서 특정한 상황에 적합한 법률이나 도덕이 나타나게 되는 것이다. 따라서 시간과 장소에 따라 도덕과 관습 그리고 윤리가 변하는 것은 당연하다고 볼 수 있다.

우리들은 일반적으로 윤리학 또는 도덕철학을 우리가 어떤 행동이 옳으며(right), 어떤 목적이 좋은가(good)를 결정할 수 있는 근본 원리들을 연구하는 학문이라고 정의한다. 그러나 이러한 정의는 너무 넓은 외연을 가지는 것 같다. 왜냐하면 옳다는 것과 좋다는 것은 단지 윤리적 차원에만 있는 것이 아니고 가치를 수반하지 않는 실제적이고 이론적인 차원, 즉 우리의 실제적인 삶에서도 여러 종류의 옳음과 좋음이 있기 때문이다.

예를 들어서 '삼각형의 내각은 180도이다'라는 기하학적 지식이나 '물은 섭씨 100도에 끓는다'라는 자연과학적 지식도 '옳은 것'이며, 좋은 목재로 견고하게 만든 튼튼한 책상에 대해서도 '좋다'라는 말을 쓸 수 있기 때문이다. 그렇다면 도덕적 의미에서의 '옳음'과 '좋음'이 실제적이고 이론적 차원에서의 그것과는 어떻게 구별될 수 있을까?

2) 사실 판단과 가치 판단

도덕법칙이 무엇인가라는 질문이 제기되었을 때 가장 상식적인 답변은 인간 행동에 관한 기본적인 규칙이라고 할 수 있다. 그러나 인간의 행동이라고 해서 모두가 도덕률과 관련이 있는 것이 아니다. 예를 들어서 부채상환에 대한 의무, 결혼 생활에 대한 의무, 이웃의 생명과 재산에 대한 존중의 의무 등의 행위나 약탈과 절도, 불륜과 살인 등의 행동에 대한 판단에는 반드시 도덕률이 필요하다.

그러나 식사를 할 때 포크와 나이프를 어느 손에 쥐어야 하는가, 윗도리에 가장 어울리는 바지는 어떠한 색깔이어야 하느냐 혹은 어떤 회사의 제품을 구입해야 하는가 등의 행위에 관한 문제는 도덕적인 판단이 뒤따르지 않는, 다시 말해서 도덕률이 요구되지는 않는 판단이다. 또 단순한 신체적인 움직임 예를 들어서 건강을 위한 운동, 혹은 이에 따른 신체 내부의 생리적인 활동도 도덕적인 판단의 대상이 아니다. 이렇게 볼 때 인간의 모든 행동이 도덕적 판단의 대상이 되지 않기에 도덕적 논의의 대상이 되기 위해서는 일정한 기준을 필요로 함을 알 수 있다.

사람들이 사물이나 사태에 대하여 어떤 판단을 내릴 때 그 판단은 두 종류로 구분할 수 있는데, 하나는 사실 판단이고 다른 하나는 가치판단이다. 이때 사실 판단이란 어떤 사물, 사태, 사건, 행동에 대한 객관적이고 중립적인 서술을 의미하고, 가치 판단이란 동일한 사태, 사건, 행동에 대해서 '좋음과 나쁨' 혹은 '옳음과 그름'이라는 정의적 개념에 의한 판단을 의미한다. 따라서 "교과서가 사각형이다"라는 진술은 사실 판단이고, "이 교과서는 좋은 책이다"라는 진술은 가치 판단이다. "X라는 사람이 20014년 5월에 대구에 살고 있다"라는 진술은 사실 판단이지만, "X라는 사람은 참 착한 사람이다"라는 진술은 가치 판단이다. "X라는 사람이 돈을 훔쳤다"라는 전술은 사실 판단이지만, "X라는 사람이 돈을 훔친 것은 나쁜 행동이다"라는 진술은 가치 판단이다. "붉은 장미꽃이 화분에 꽂혀 있다"라는 진술은 사실 판단이지만, "붉은 장미는 아름답다"라는 진술은 가치 판단이다.

이때 가치 판단의 근거인 가치란 일반적으로 인간 욕망의 대상 혹은 욕망에 관한 판단 과정임을 의미하며, 또 같은 가치 판단이라도 "이 교과서는 좋은 책이다"는 도구적 판단에, "장미꽃은 아름답다"는 미적 판단에, "X라는 사람이 돈을 훔친 것은 나쁜 행동이다"와 "X라는 사람은 착한 사람이다"는 도덕적 판단에 속한다고 할 수 있다. 도덕적 판단의 대상이 되는 것은 인간의 행위 중에서 대체로 칭찬과 비난이라는 가치적 요소 혹은 판단 과정이 뒤따르는 경우이다.

그렇다면 가치 판단의 대상이 되는 가치에는 어떤 것들이 있는가? 여기에는 대상에 따라서 대체로 네 가지 구분이 가능하다. (1) 도구적 가치, (2) 지적 가치, (3) 예술적 가치, (4) 윤리적 가치이다.

도구적 가치는 사물적 가치라고도 불리는데 한 사물의 용도와 효용성

등에 의해 결정되는 가치를 의미한다. 가령 만년필의 가치는 그 만년필이 지닌 효용성에 따라 판단된다. 그리고 사물과 사물이 서로 교환 가능한 것도 바로 이러한 효용성에 대한 판단에서 비롯된다. 가령 쌀 한 말의 가치와 라면 한 상자의 가치가 동일하다면 교환이 가능하다. 그러므로 사물적 가치는 경제학에서 사용되는 교환 가치를 의미하기도 한다.

지적 가치에는 자연이나 사회의 다양한 현상을 규명하여 어떤 법칙을 발견해 내는 자연과학이나 사회과학 이론 등이 있다. 현대에 이르러서는 지적 가치 역시 다른 사물적 가치처럼 소유적 차원에서의 독점권을 강조하게 되고 금전적 교환의 대상이 되기도 한다. 음악, 미술, 문학 작품 등은 예술적 가치에 속한다.

그렇다면 윤리적 가치에 의해서 평가가 가능한 영역은 무엇인가? 그것은 바로 인간의 행위이다. 물론 인간 자체에 대한 설명은 학문의 영역에 따라 물리학적, 생리학적, 심리학적, 사회학적 관점에서 다양하게 이루어 질 수 있고 인간의 행위에 대해서도 다양한 관점에서 설명될 수 있다. 그러나 인간의 행위가 지니는 가치는 사물적 가치가 보여주는 도구적 성격과 다르다는 점에서 인간의 행위에 대한 윤리적 평가는 사물에 대한 객관적인 설명과는 다른 차원에서 이루어져야 한다.

인간은 인격적인 존재이며 인간의 행위 역시 선악 판단이 가능한 선택적 행위이기 때문에 인격과 영혼 그리고 자유를 지닌 인간 행위의 가치는 다른 가치로 교환되거나 환원될 수 없는 것이다. 그러므로 인간의 행위에 대한 판단이나 평가는 사물이나 지적 축적물, 예술품 등이 지닌 가치에 대한 평가와는 달리, 그 자체 불변성을 지닌 본질적 가치에 대한 판단인 경우가 대부분이다. 우리의 일상에서 과학, 법, 정치, 기술, 예술, 종교 등이 추구하는 가치 이상으로 도덕적 가치가 필요한 이유가 여기에 있는 것이다.

한편, 사실 판단이 어떤 사실에 대한 객관적인 진위의 판단이 가능한데 비해서, 가치 판단은 개인의 주관적인 가치관이 개입되기 때문에 객관적인 판단처럼 쉽지 않다는 문제점이 있다. 예를 들어 같은 장미꽃을 보고도 아름다움에 대한 판단이 다를 수 있고, X라는 동일인의 행위에 대한 판단이 다를 수 있기 때문이다. 그렇다면 가치판단이 개인적이고 주관적 판단이기에 어떠한 기준도 제시할 수 없는 상대적인 영역에 머무르고 마는 것일까?

전통적으로 철학자들은 가치판단의 영역에도 시간과 공간을 뛰어넘는 보편적 기준이 있다는 것을 인정하였고 이것을 추구하려고 노력하였다. 예를 들면 절대미 사상이나 자연법사상과 같은 것이다. 그리고 이러한 판단의 기준은 인간의 보편적인 이성이 제시해 주고 있다는 것이다.

3) 좋음의 도구적 의미와 도덕적 의미

철학자들은 '옳음' 혹은 '좋음'이라는 용어의 다중적 의미를 인식하였고 이러한 용어들을 엄밀하게 정의하려고 노력해 왔다. 전통적으로 '좋음'(good)이라는 용어는 다음의 세 가지 뜻으로 사용되었음을 알 수 있다. 첫째, 유용으로서의 좋음(bonum utile), 둘째, 쾌락으로서의 좋음(bonum delectabile), 셋째, 도덕적인 의미에서의 좋음(bonum honestum)이다. "좋음"이라는 말의 의미를 이렇게 구별하더라도, 여기에서 도덕적인 의미의 "좋음"을 다른 두 가지 의미의 "좋음"으로부터 명확하게 구별한다는 것은 쉽지 않다. 우리들의 일상생활에서는 "좋다"라는 말의 세 가지 의미를 명확하게 구별하지 않고 막연하게 쓰거나

중첩되게 쓰기 때문이다.[56)]

그렇다면 "좋음"이라는 이러한 세 가지 의미에는 어떠한 공통적인 요소가 있을까? 다시 말해서 어떠한 요소가 이 세 가지의 다른 의미를 하나의 "좋음"이라는 용어로 표현할 수 있는 것일까? 첫째는 '좋음'이라는 용어 속에는 항상 바람직하다는 의미에서의 칭찬이나 승인의 요소가 있다. 둘째는 표준과의 일치, 즉 일련의 속성들이나 구체적인 내용들이 어떤 규범적 혹은 이상적 대상과 공통된 속성들을 가지고 있다는 것이다. '좋음'이라는 용어와 '옳음'이라는 용어의 외연적인 일치를 여기서 확인할 수 있다. 옳을 때만이, 즉 주어진 어떤 척도와 일치할 때만이 좋은 것이다. 이리하여 "좋음"이라는 용어는 "옳음"이라는 용어와 같은 의미를 가지게 된다.

좋음이라는 용어의 공통적인 속성들을 알았다고 하더라도 여전히 남는 문제는 어떻게 도덕적인 "좋음"을 도구적인 그리고 쾌락적인 "좋음"으로부터 구별할 수 있을까 라는 것이다. 윤리학자들은 도덕적인 좋음은 사물이 아니라 인간에게만 고유한 것이라고 주장함으로써 이 문제를 해결하려고 하였다. 좋은 시계는 우리에게 시간을 정확하게 알려 주고 좋은 자동차는 우리를 편안하고도 안전하게 먼 곳 까지 실어주지만, 시계나 자동차를 도덕적인 의미에서 좋다라고 말할 수는 없다. 왜냐하면

---

56) 예를 들어, "우리 아버지는 좋은 분이다"라고 했을 때 "좋은"이라는 표현은 위의 세 가지 의미 가운데서 어느 한가지에만 고정되어 있지는 않다. 좋은 아버지는 우선 도덕적인 의미에서 모범이 될만 한 분을 의미하겠지만, 다른 면에서도 즉 경제적인 면에서도 유능하고, 인격적으로 다른 가족들을 기쁘게, 편안하게 해주는 그런 분이라는 것을 의미하기 때문이다. 따라서 "우리 아버지는 좋은 분이다"라고 말할 때는 이 두 가지 의미를 동시에 나타낸다. 우선 아버지라는 대상을 칭찬하거나 승인하고 있으며, 또한 아버지의 일련의 성질이나 속성들이 가장 바람직한, 그리고 이상적인 가장이라는 어떤 표준에 부합하고 있음을 주장하는 것이다

그것들은 어디까지나 인간을 위한 도구에 불과하기 때문이다. 아이스크림이 맛이 있고 놀이기구가 우리를 즐겁게 해 주지만 그것들 역시 도덕적 판단이 불가능한 사물에 불과하다.

이리하여 도덕적인 의미에서의 좋음은 사람에게만, 다시 말해서 사람과 사람 사이에만 관련되는 것이다. 칸트가 "사람을 수단으로 보지 말고 목적으로 보아라" 라고 했을 때, 사람이란 사물이 아니라 진정으로 도덕적으로 행동할 수 있는 존재임을 강조한 것이다. 이것은 달리 말해서 인간의 행위만이 도덕적으로 "옳다", "옳지 않다"라고 말할 수 있으며, 이러한 관점에서 인간의 행위에 대해서 도덕적으로 "좋다"라고 표현한다는 것은 당연히 도덕적으로 "옳다"는 것을 의미하는 것이다. 이리하여 윤리학이란 "올바른 행동과 좋은 삶에 관한 철학적 탐구"라고 정의할 수 있다.

2. 자유론과 결정론

1) 인간은 얼마나 자유로운가?

필연론 혹은 결정론이란 이 세계에서 벌어지는 모든 일들은 언제, 어디서, 어떻게 일어날지 미리 결정되어 있다고 보는 입장이다. 근대의 과학혁명을 통해 기계론적 우주관이 확립되고부터 세계는 과거의 사건들에 의해 현재가 결정되고, 현재의 사건에 의해 미래가 결정되는 인과적 연쇄의 과정으로 인식되었다. 그리고 이 인과적 연쇄 속에서 자연법칙의 지배를 받는 일련의 사건들은 그 원인이 제공되는 한 그 결과가 모두 결정되기 때문에 과학 법칙은 이러한 필연성을 토대로 하여 미래의 사건들을 예측할 수 있다는 것이다. 여기에서 이른바 자유론과 결정론을 둘러싼 철학적, 윤리적 문제가 제기된다.

인간은 늘 자신의 행동을 마음대로 결정할 수 있는 자유로운 존재라고 생각하고 있으며 여기에서 인간의 진정한 가치를 확인하려고 한다. 그러나 인간도 우주 속의 한 물질적 존재로서 일정한 시간과 공간을 점유하고 있다면 자연법칙으로부터 자유로울 수 없고, 결국 인과론적 과정에 따라 현재와 미래의 상태가 결정된다고 볼 수 있다. 따라서 결정론적 세계에서 인간의 '선택'이란 일종의 허구이며, 인간의 모든 행동은 자신의 의지와는 상관없이 필연적으로 일어나는 것이다. 이런 상황에서 인간의 행위에 대해서 책임을 묻는 것은 무의미하다고 볼 수 있다. 이리하여 결정론은 윤리학의 전제를 부정하게 된다.

이런 문제를 해결하기 위해 칸트처럼 인간의 정신세계는 자유가 지배하고, 물질세계는 필연이 지배한다고 전제할 수도 있을 것이다. 하지만 이건 오히려 문제를 복잡하게 만들 뿐이다. 이것이 가능하기 위해서는 데카르트처럼 인간의 정신과 물질 혹은 육체는 상호간에 어떠한 영향도 주지 않아야 한다. 즉 두 세계가 철저하게 상호간에 독립적이어야 한다. 그러나 우리는 인간의 정신적 활동과 육체적 활동의 긴밀한 연결을 부정하지 않을 수 없으며, 칸트 역시 이러한 딜레마를 인식한 나머지 이 문제를 합리적으로 설명할 수 없는 '이율배반'적인 주제임을 인정하면서 궁극적인 윤리적 초월의 근거로 보았다.

2) 인간의 의지는 선행하는 원인에 의해 결정된다.

결정론 혹은 인과율이란 모든 자연현상은 원인을 가지며 어떠한 사건도 선행하는 원인이나 이유 없이 우연히 일어나는 경우는 없다는 원리를 말한다. 예를 들어 집안의 전자 제품이 갑자기 작동되지 않는다고 하자. 이럴 경우 사람들은 왜 작동되지 않을까 의아해하면서 그 원인을 찾아내려고 할 것이다. 처음에는 그 제품에 대한 상식적인 지식에 의존하여 이리저리 살펴보지만 그 원인을 밝힐 수 없는 경우, 전문적인 기술자를 부르게 된다. 그런데 기술자가 와서 제품을 자세히 점검한 후에도 여전히 원인을 밝힐 수 없다면 난감한 상황에 처하게 된다. 그럼에도 한 가지 확실한 것은 기술자가 고장의 원인을 밝혀내지 못했다고 하더라도 이 사실이 고장의 원인이 없음을 말해주지는 않는다는 사실이다.

이처럼 결정론의 입장을 취하는 사람들은 인간의 의지나 행위도 선행하는 원인에 의해 결정된다고 본다. 이와 같은 입장은 자연을 지배하는 보편적 인과율(universal causality)이 인간의 의지작용에도 꼭 같이 적용된다는 신념에 근거한다. 그러므로 인간의 의지작용은 인과적 분석이 가능하며 과학적으로도 설명될 수 있다. 예를 들어 심리학은 인간의 행위를 내적인 충동과 욕구의 산물로 이해한다. 이리하여 강렬한 충동과 욕구가 필연적으로 행위로 연결된다는 것이다. 뿐만 아니라 인간의 행위는 과거 누적된 경험과 학습의 산물이며, 이처럼 반복된 경험은 습관적인 행위로 이어진다는 것이다.

만약 인간의 행위가 유전적 요인과 환경적 요인의 지배를 받으며, 특히 인간의 내면적인 충동과 욕구가 성격 형성에 있어서 중요한 요인으로 작용한다면, 다시 말해서 인간의 사유나 행위가 심리적 혹은 물리적 현상이나 사건에 불과하며 자연현상과 마찬가지로 인과적으로 결정되어 있다면, 인과론적 관점은 자연현상 이상으로 정신현상이나 의지작용을 설명하는 데도 적용될 수 있을 것이다. 그리고 설사 사람들이 자신의 행동을 자신의 의지에 의해서 이루어지는 결과라고 착각하더라도 그러한 행위에는 반드시 선행하는 원인이 있음을 부인할 수 없는 것이다.

그러나 자신의 의지와 상관없이 사람의 성격과 기질이 유전인자로 주어지고 그의 가정 형편이 환경인자로 주어진다면, 그리고 이러한 요인들이 사람들의 의지결정과 행위의 필연적인 원인으로 작용한다면 사람들의 의지는 어느 정도 자유로운 선택을 행사할 수 있을 것인가? 이것은 다시 말해서 이러한 결정론을 인간의 행위에 어떻게 적용할 수 있느냐 라는 것과, 적용했을 때 어떠한 결과가 나올 수 있느냐 라는 문제와 연결되는 것이다.

사람들이 흔히 어떤 행위가 자유의지에 의한 행위라는 것을 증명하기 위해서 내세우는 논리 중의 하나는 만약 원하기만 하면 특정 행위를 하지 않을 수 있었다는 것이다. 예를 들어 A라는 사람이 그렇게 하지 않기로 마음만 먹었다면 B의 지갑을 훔치지 않을 수도 있었다는 것이다. 그러나 문제는 A가 과연 어떤 특정한 상황에서, 어떤 필연적인 원인에 의해서 그런 행동을 하였다면 그것을 거부할 수 있었겠는가 하는 점이다.

일상생활에서 우리는 자신의 의지 결정과 행동이 무의식적으로 잠재하고 있는 욕망과 충동에 의해 좌우되는 경우가 많다는 것을 자주 경험하게 된다. 인간의 이성적 판단이 인간의 의지 작용을 충분히 지배할 수 있을 것 같지만 사실은 그렇지 않다는 것, 즉 인간의 이성이 무의식적인 충동에 대해서 매우 무력하다는 것은 프로이트의 정신분석학이 잘 설명하고 있다. 그러므로 일단 심지에 불이 붙으면 폭발이 불가피하듯이 오랫동안 형성된 내면적인 욕구와 충동을 이성은 쉽게 통제할 수 없으며 이러한 행동이 일어나고 난 뒤에야 이성은 그것을 정당화할 수 있을 뿐이라는 것이다.

이처럼 인간의 의지란 결코 자유로운 것이 아니며 설혹 자유로운 결정을 내리는 것처럼 보일 때에도 그 배후에는 보이지 않는 여러 가지 요인들이 작용하고 있으므로 인간의 의지는 전적으로 선행하는 원인에 의해서 지배를 받거나, 제한된 범위 내에서의 자유만을 행사할 수 있다는 것이 결정론자들의 결론이다.

3) 인간의 의지는 자유롭다.

자유론자들은 다음과 같은 몇 가지 측면에서 의지의 자유를 주장한다. 첫째, 일상적인 경험과 상식에 기초해서 자유의지를 확인 할 수 있다는 것이다. 예를 들어 여름휴가를 산으로 갈 것인가 바다로 갈 것인가, 휴가를 갈 때 승용차를 이용할 것인지 고속버스를 이용할 것인지는 전적으로 자신과 가족들의 자유의사에 의해 결정된다. 무료한 저녁 시간을 보내기 위해 음악회에 갈 것인지 영화관에 갈 것인지에 대한 결정도 전적으로 자신의 자유로운 의사에 따라 결정된다고 생각한다.

물론 당시 그렇게 결정한 것과 다른 방식으로 결정할 수도 있었다는 것을, 다시 말해서 다양한 선택지가 있었다는 것을 객관적으로 증명해 보일 수는 없다. 왜냐하면 인간의 모든 행위는 일회적인 것이므로 과거의 상황을 다시 재현하여 그와는 다른 결정을 내려 보일 수는 없기 때문이다. 그러나 당시의 결정이 숙명적이거나 강제적인 것이 아니었다면 그 결정은 회피 가능한(avoidable)것으로 보아야 한다. 회피할 수 있었다는 것은 곧 그것을 선택하지 않을 수 있었다는 것을 의미하며, 이것은 바로 이것 혹은 저것 가운데 결정을 자유롭게 내릴 수 있음을 뜻하는 것이다.

둘째, 도덕의 존재근거로서의 자유의지를 주장한다. 도덕이란 인간이 마땅히 따라야만 하는 행위규범이므로 도덕적 행위에는 언제나 도덕적 책임이 뒤따른다. 따라서 도덕적 책임을 물을 때 자유의지가 전제되지 않는다면 책임을 물을 수 없게 된다. '거짓말을 하지 말라'는 도덕규범을 어기고 거짓말을 했을 경우 "왜 거짓말을 했는가?"라고 책임을 묻게 되는데, 이 경우 어떤 필연적인 원인에 의해 불가피하게 거짓말을 하게 되어 있었다면 이러한 행위에 대한 책임을 묻는 것은 불합리한 일이 될 것이다.

그러나 일상생활에서 거짓말을 했을 경우 그에 대한 책임을 묻고 처벌을 하는 것이 사실이며 이러한 사실로부터 인간에게는 자유의지가 있음이 분명하다는 결론을 내릴 수 있다는 것이다. 윤리학자들은 "인간은 자신의 행위에 대해 책임을 지는 존재이고 또한 책임을 져야하는 존재이다"라고 규정하면서 이것은 윤리학에 있어서 하나의 기본 공리와 같은 것으로 본다. 만일 이러한 기본 공리를 부인하게 될 경우 한 사회의 도덕은 존립할 수 없음은 자명한 일이다.

셋째, 자아의 본성으로서의 자유의지를 주장한다. 의지결정론자들은 인간의 성격이란 주로 유전적인 요소와 환경적인 요소로 결정되기 때문에 필연적으로 고정될 수밖에 없다는 것이다. 그러나 자유론자들은 인간에게는 '자아의 성격'과는 구분이 되는 '자아의 본성'이 존재한다고 보며 이것이 인간에게 더 본질적이고 근원적인 것이라고 생각한다. 자아의 이러한 본성은 이미 형성된 성격을 적응시키고 바꿀 수 있는 창조적인 힘이요, 인간으로 하여금 도덕적 책임의 주체가 되게 하는 실체적인 힘인 것이다.

일상생활 속에서의 많은 행위들이 우리의 다양한 욕망과 충동에 의해

일어나고 이들에 의해 절대적인 영향을 받고 있지만, 도덕적으로 옳고 그른 것을 판단하고 도덕적 행위를 결단하는 것은 자아의 이러한 본성에 의해서만 가능하다. 이처럼 인간에게 성격이나 기질이나 감정, 욕구나 충동보다 더 차원 높은 정신적인 실체로서의 자아의 본성이 존재하기에 인간이 의지결정의 자유로운 주체자가 될 수 있는 것이다.

한편, 자유론자들은 자유의지에 관한 여러 혼란은 자유와 필연을 모순개념으로 파악하였기 때문이라는 것이다. 자유의 모순개념은 필연이 아니라 강제이며, 필연의 모순개념은 자유가 아니라 우연이기에, 자유로운 행위란 강제되지 않은 행위이지, 원인이 없는 행위를 의미하는 것이 아닌 것이다. 따라서 어떤 원인에 의해 필연적으로 일어난다는 것과, 강제로 행동한다는 것을 혼돈해서는 안되며, 결과는 원인에 의해 나타나지만, 그러나 원인이라는 것은 강제와 같은 것은 아니라는 것이다.

예를 들어 학생들이 강의를 듣고 있는 행위에는 원인이 있지만 그렇다고 학생들이 강제에 의해 강의를 듣고 있는 것은 아니다. 즉 학생들은 강제되지 않는 자유의지에 의해 강의를 듣고 있지만 그 행위 속에는 여러 가지 원인이 있는 것이다. 따라서 모든 강제된 행동에는 원인이 있으나, 반대로 원인이 있는 행동이라고 해서 모두 강제되어 있다고는 말할 수 없다.

이렇게 볼 때 자유라는 것이 결코 무원인을 의미하는 것은 아니다. 우리가 자유로이 어떤 행위를 선택했을 때 그것은 아무런 원인 없이 그것을 선택했다는 뜻은 아니다. 대신 자유로운 행위란 원인은 있으나 그 원인에 의해 강제되지 않는 행위를 말한다. 지갑을 훔친 A의 행위는 지갑을 훔칠만한 충분한 원인이 있었으나 그 원인이 A를 강제하지 않았기에, 다시 말해서 그 원인이 A를 강제로 훔치게 하지는 않았기에 A는 자유의지에 의해서 지갑을 훔쳤다고 말 할 수 있는 것이다. 따라서 자유의 가장 보편적인 개념은 그것이 자발적인 행동이라는 점과, 그 자발적인 행동이 강제되지 않는 상황에서의 선택의 자유를 의미하며 이런 차원에서 선택의 자유는 인과론적 세계에서도 병행될 수 있는 것이다.

3. 이기주의와 이타주의

1) 심리적 이기주의

영국의 철학자 홉스에 의하면 인간은 본래 이기적 동물이다. 인간이 동물로부터 진화된 이상 인간의 심층은 동물적인 욕구와 원시적인 충동으로 가득 차 있다. 따라서 인간의 본래적 성품 중에는 서로 상대방을 공격하려는 근원적 욕망이 있기 때문에 만일 인간을 통제하는 강력한 법과 국가가 없다면 이기적 본성으로 가득 차 있는 인간은 이리와 다를 바 없다는 것이다. 이러한 상태가 바로 '만인에 대한 만인의 투쟁(a warfare of all against all)'이라는 자연 상태이다.

홉스의 이러한 입장에 전적으로 동감하지 않더라도 우리는 일상적인 삶의 경험을 통해 볼 때 인간이 매우 이기적인 존재라는 것을 자주 경험하게 된다. 따라서 우리들은 일상생활에서 다음과 같은 질문을 제기하게 된다. 이기심을 버린다는 것이 과연 현실적으로 가능할까? 이기심이 말살된 사회 또는 이기심이 없는 개인의 삶은 과연 어떤 모습으로 나타날까? 이기심을 버리는 것이 과연 바람직한 일일까? 궁극적으로 모든 사람이 이기심을 포기하고 이타적인 행동만을 하는 세상이 지금보다 더 풍요롭고 살기 좋은 세상이 될 수 있을까?

이기심이라는 인간의 원초적인 본성에 관한 주제는 윤리학사를 통해서 가장 오랫동안 논의의 대상이었고 아직도 철학자, 심리학자, 그리고 경제학자 사이에서 지속적으로 논쟁을 불러일으키는 주제 중 하나이다. 윤리학에서는 대체로 이 주제에 대해서 심리적 이기주의(psychological egoism)와 윤리적 이기주의(ethical egoism) 로 나누어서 논의하고 있다.

첫 번째 이론이 심리학적 이기주의로 불리는 이유는 이타주의적 행동을 포함한 인간의 모든 행동의 근본적 동기를 이기주의라는 심리적 동기로 설명하기 때문이다. 심리학적 이기주의에 의하면 모든 인간은 본래 자기 자신의 이익만을 추구하도록 되어있다. 왜냐하면 인간의 본성은 본래 자기에게 이익이 되는 경우에만 다른 사람의 요구에 응하려 하기 때문이다. 그러므로 사람들이 '이타적'으로 행동할 것을 기대하는 것은 비이성적이다. 즉, 순수한 이타주의는 실상 존재할 수 없는 하나의 이상 혹은 신화에 불과하다.

그런데 심리학적 이기주의가 옳다면, 타인에 대한 최소한의 배려 혹은 관심은 하나의 거짓에 불과하며 이것은 인간에 대한 우리들의 일반적인 관점과 모순되기 때문에 매우 충격적인 이론이라고 할 수 있다. 그럼에도 불구하고 많은 사람들이 인간에 대한 매우 비관적인 관점을 담고 있는 이 이론을 옳다고 믿는 이유는 무엇일까?

첫째, 인간의 행위에 대한 '이타주의적'인 설명이 지나치게 피상적이라는 것이다. 사람들의 행동이 표면적으로는 비이기적인 것처럼 보이지만 이들 행동을 보다 세밀하게 분석해 본다면 전적으로 이기적 동기에서 비롯되었음 쉽게 알 수 있다는 것이다. 홉스는 이러한 견해를 자비심과 동정심이라는 두 가지 개념을 통해서 설명하고 있다. 자비심이란 인간이 타인에 대한 배려와 관심을 보여주는 과정을 통해서 얻게 되는 즐거움이라는 것이다. 다른 사람보다 더 많은 능력을 가지고 있음을 과시하고 증명하는 이 과정이 커다란 우월감을 주기 때문이다. 또 타인의 불행에 대해서 동정심을 가지게 되는 것도 순전히 그것과 똑같은 일이 자신에게 일어날지도 모른다는 미래에 대한 불안감 때문이라는 것이다.

홉스의 경우에서도 알 수 있듯이, 심리학적 이기주의는 인간의 모든 행동은 결국 자기 자신의 이익을 위하는 동기에서 비롯된다는 논증을 토대로 한다. 이를 위해서 가장 일반적으로 제시하는 논증은 마음과 같다. 만일 한 사람의 행동을 이기적이라 하고 다른 사람의 행동을 비이기적이라고 할 때, 두 경우 모두 그 행동이 자발적으로 이루어졌다는 사실, 즉 그 사람이 단순히 그가 가장 원하는 일을 하고 있다는 중요한 사실을 인정해야 한다는 것이다.

예를 들어 어떤 사람이 자신의 돈을 영화 관람에 쓰지 않고 빈민 구제 기관에 기부했다면, 그것은 단지 그가 영화관에 가는 것보다 구제 기관에 기부하기를 원하고 있었음을 보여 주는 것이다. 이처럼 그가 단지 가장 하고 싶어 하는 것을 하고 있다면 그가 '비이기적' 이유로 칭찬을 받아야 할 이유가 없는 것이다. 그의 행동은 단지 자기가 가장 하고 싶어 하는 것이 무엇인가에 대한 자신의 욕구를 따르고 있기 때문이다.

둘째, 소위 비이기적인 행동이 그것을 행하는 사람들 속에 일종의 자기 만족감을 준다는 사실이다. 이러한 자기 만족감은 우리가 원하고 추구하는 하나의 만족스러운 의식 상태이다. 그러므로 이타적인 행동들은 피상적인 차원에서만 '비이기적'인 것이다. 만일 그 행동을 보다 깊이 분석해 본다면, 모든 비이기적인 행동이란 결국 이런 만족스러운 의식 상태를 위한 것이다.

여기에서 욕망의 본질과 그 대상과의 관계에서 우리가 얻게 되는 하나의 교훈이 있다. 만일 우리가 어떤 목적을 성취하는 데 적극적인 태도를 가진다면, 그것을 얻는 데에서 만족을 얻어낼 수 있을 것이다. 그러므로 만일 어떤 사람이 다른 사람의 안녕과 행복을 원한다면, 그는 그들을 도와주는 데서 만족을 얻을 것이다. 그러나 이러한 만족한 감정이 그의 욕구의 본래적인 대상임을 의미하지 않는다. 이것들은 그가 얻고자 추구하는 것의 대용일 뿐이다. 그러나 그가 이런 관점을 가지고 있다고 해서 그를 이기적이라고 할 수 없는 것이다.

심리적 이기주의가 주장하는 이러한 논증은 물론 여러 가지 문제점을 보여준다. 첫째, 이 논증은 사람들이 자기가 원하는 것 이외의 어떤 행동도 자발적으로 하지 못한다는 전제 위에 서 있어야 한다. 그러나 이것이 인간 행동에 대한 일반적인 그리고 정확한 설명이 되지 못한다는 것은 쉽게 알 수 있다. 인간의 행동 중에는 자신이 원하지 않지만 성취하고자 하는 목적을 위한 수단으로서 하게 되는 행동들이 있다.

다시 말해서 우리가 그렇게 하기를 원하지는 않지만 단지 우리가 해야 된다고 느끼기 때문에 행하는 그러한 행동들이 있다는 것이다. 예를 들어 우리들은 어떤 행동을 하기로 약속했기 때문에, 비록 그것을 하고 싶지 않음에도 불구하고 의무감에 의해서 행동을 하는 경우가 있다. 영화 관람의 경우도 마찬가지인데 그 사람은 분명 영화 관람을 일차적으로 원하고 있지만 그 돈을 영화관람 대신 빈민구제사업에 기부해야 한다고 느꼈기 때문에 행하는 것이다. 만일 그가 하고 싶은 일을 한다면, 다시 말해서 자기가 원하는 것 이외의 어떤 행동도 자발적으로 하지 못한다면 그는 기부 대신 영화관람을 선택했을 것이다.

둘째, 이 논증을 진행시키기 위해서 모든 자발적인 행동은 욕구에 의해 동기가 주어지거나 적어도 그러한 동기에서 행동했다는 것을 인정해야 한다. 그러나 어떤 행동이 이기적이냐 아니냐를 결정하는 것은 단순히 어떤 욕구에 의해 동기가 주어져 있다는 데서 비롯되는 것이 아니라, 그 욕구의 대상이 무엇이냐에 달려있다. 내가 단순히 나의 욕망에 따라 행동하고 있다는 그 사실이 내가 이기적으로 행동하고 있음을 의미하지는 않는다. 그것은 내가 원하는 것이 무엇이냐에 달려있는 것이다. 만일 내가 오직 내 자신의 이익만을 위하고 다른 사람들에 대해서 어떤 관심도 가지지 않는다면 나는 이기적이다. 그러나 내가 다른 사람이 행복해지는 것을 원하고 있고, 바로 그 욕구에 따라 행동한다면 그때 나의 행동은 이기적인 것이 아닌 것이다.

셋째, 심리적 이기주의는 상호 모순되는 인간의 모든 행동의 동기를 오직 하나의 원리 즉 이기심으로만 귀결시킨다. 물론 사람들이 일반적으로 탐욕, 노여움, 욕구, 사랑, 미움 등의 여러 동기에 의해서 행동한다는 것은 매우 상식적인 사실이다. 또 사람들에게 자기 자신에 관해서만 생각하는 이기적 경향이 있음도 부인할 수도 없다. 그러나 상화에 따라서 동일한 사람들이 다른 경우에, 자기 자신의 이익에 대해서는 전혀 무관심한 채 오직 타인에 대한 관심과 배려 차원에서 능히 행동할 수 있는 가능성을 부인할 수 없는 것이다. 그런데도 심리학적 이기주의자는 사람들이 어떻게 행동하든지 간에, 오직 하나의 방식으로만 그 행동을 해석하겠다는 경직된 관점을 보여 주고 있다. 따라서 이처럼 하나의 관점에 고정된 명제는 반박의 여지가 전혀 없다는 바로 이러한 이유 때문에 그 어떤 내용도 가지고 있지 않다는 것을 스스로 드러내는 것이다.

2) 윤리적 이기주의

인간이 어떻게 행동하는가를 기술하는 인간 본성에 관한 이론인 심리적 이기주의와는 달리, 윤리적 이기주의는 인간에게는 자신에게 좋은 최선의 행동을 하는 것 외에 다른 어떤 도덕적 의무도 없다고 말한다. 다시 말해서 인간의 유일한 의무, 행위의 궁극적인 원리는 오직 하나 자신의 이익을 증진시키는 뿐이라는 다소 극단적인 관점을 보여준다. 나아가서 윤리적 이기주의는 이것이 하나의 규범적 이론, 즉 인간은 어떻게 행동해야만 하는가에 관한 보편적 이론임을 강조한다. 사실 이것은 매우 도전적인 이론으로서 우리의 일상적인 도덕적 신념들과 분명히 모순되고 있다.

윤리적 이기주의도 다른 사람을 도와주는 행동을 피하거나 거부해야 한다고도 말하지 않는다. 많은 경우에 자신의 이익이 다른 사람의 이익과 일치하기에, 자신을 이롭게 하기 위해서 다른 사람을 도와주는 경우도 있기 때문이다. 따라서 윤리적 이기주의는 그러한 행동을 놓치지 않으며, 오히려 상황에 따라서는 그러한 행동을 요구하기도 한다. 이런 관점에서 윤리적 이기주의 역시 심리적 이기주의 이상으로 인간의 행동 방식을 설명함에 있어서 많은 지지를 받아온 이론 중의 하나이다.

여기에는 전통적으로 세 가지 논증이 뒷받침되어 왔다. 첫째, 인간은 오직 하나의 생명을 가지고 있을 따름이다. 그리고 이 생명이 최고의 중요성을 가지고 있음을 부인하지 않는다면 이 생명을 보존하기 위한 행동만이 가장 가치 있는 행동이 되는 것이다. 둘째, 그런데 이타주의적인 윤리학은 개인의 이 귀중한 생명을 타인의 선(행복)을 위해 희생할 준비가 되어있음을 의미하는 것이기에 이러한 윤리학은 각 개인의 생명 가치를 심각하게 고려하지 않는 무책임한 이론(철학)이라고 할 수 있다. 셋째, 이렇게 볼 때 개개인의 생명을 궁극적인 가치로 보는 윤리학적 이기주의는 인간의 생명을 진지하게 존중하는 이론이기에 우리가 받아들일 수 있는 책임 있는 유일한 윤리이론이라는 것이다. 이런 관점에 의해서 다음 세 가지 결론이 도출된다.

첫째, 우리 개개인은 자신의 개인적인 소원과 필요에는 매우 익숙하고 이를 비교적 정확하게 파악하기에 효과적으로 이를 추구할 수 있으나, 타인의 소원과 요구는 간접적으로만 알 수 있다. 따라서 타인의 요구나 희망 사항을 함부로 추구하다보면 이익보다도 손해를 끼칠 수 있는 것이다. 둘째, 이처럼 우리들은 일반적으로 타인의 소원과 요구를 추구하기에 알맞지 않는 위치에 놓여 있기 때문에 그가 처해진 상황에 대한 정확한 이해도 없이 타인의 이익을 고려하려는 것은 그의 사생활을 간섭하는 결과를 가져올 수 있다. 셋째, 이렇게 볼 때 타인을 자신의 '자선'의 대상으로 삼는 것은 상대방의 존엄성과 자존심을 손상시키는 것이 될 수 있다. 이것은 그들이 독립을 포기하고 타인에게 피동적으로 의존하게 함으로써 그들을 무능하게 할 수 도 있다는 것이다.

가끔은 특정 상대에 대한 자선이나 호의적인 태도가 원래의 의도와는 달리 오해되거나 심지어 그의 자존심을 건드릴 수 도 있을 것이다. 그러나 오랫동안 굶어서 죽어 가는 이웃을 도와주는 것이, 다시 말해서 극한 상황에 처해있는 그들에게 따뜻한 애정을 보여주는 것이 그다지도 자신의 생명을 돌보지 않는 무책임한 행위이고 도움을 원하는 그들의 독립심을 손상시키고 자존심을 건드리는 행위일까? 이러한 반박을 통해서 우리들은 윤리적 이기주의 역시 심각한 결점을 가지고 있을 쉽게 확인할 수 있다.

이를 달리 표현하면, 첫째, 자신을 포함한 한 개인 혹은 집단의 이익을 다른 개인 혹은 집단의 이익보다 더 중요하다고 인정할 만한 타당한 이유가 없는 한, 다시 말해서 자신이 포함되지 않은 다른 집단의 구성원들을 차별하여 대우하는 일이 어떤 이유에서 정당화되지 않는 한 이러한 결정은 받아들이기 어려울 만큼 자의적이다. 둘째, 자기 자신과 다른 사람 사이에는 각 개인이 호소하는 바와 같은 차별대우를 정당화시킬 일반적인 차이가 존재하지 않음에도 불구하고 윤리적 이기주의는 자신이라는 한 개인과 자신이 포함된 한 특정 집단의 이익에 다른 개인 혹은 다른 집단의 그것보다 더 큰 중요성을 부여하도록 허용한다. 셋째, 따라서 윤리적 이기주의는 지나치게 자기중심적이고 자의적이고도 차별적인 이론이기에 수용하기 힘든 이론인 것이다.

결국 우리는 자신의 이익에 관심을 가져야 하는 것과 꼭 같은 이유로 타인의 이익에도 관심을 가져야 한다. 왜냐하면 그들의 요구와 소원, 희망도 우리들의 것과 대비될 수 있고 따라서 똑 같이 소중하기 때문이다. 그리고 우리와 그들 사이에서 어떠한 적합한 차이도 발견할 수 없다면 우리의 요구가 충족되어져야 하듯이 그들의 요구도 충족되어져야 하는 것이다. 이것이 심리학적 그리고 윤리적 이기주의가 하나의 도덕 이론으로서 실패할 수밖에 없는 이유인 것이다

그럼에도 불구하고 근래에 이르러 이기주의를 근거로 하는 윤리이론이 다원화된 탈현대 사회에서 적합한 현실적인 이론이라는 주장도 자주 제기되고 있다. 이른바 후기 산업사회에서 윤리적 가치는 매우 다양하며 이때 개인은 타인의 행복을 추구하는 것도 중요하지만 무엇보다도 중요한 것은 자신의 생존의 보존이며 이러한 목적에 부합되는 한에서만 타인과의 공존이 가능하다는 것이다. 특히 공산권의 붕괴 이후 이타적인 행동이론은 현실적인 적합성을 상실한데 비해서 윤리적 이기주의는 자본주의와 민주주의의 기초이론으로서 그 타당성을 여전히 가지고 있다는 것이다.

1980년대 이후 전 세계 경제정책의 근본적인 기조를 형성한 신자유주의 이론은 이러한 관점을 극명하게 보여주고 있다. 사회 구성원들, 특히 상대적으로 약한 계층들을 약육강식과 다름없는 사적 이익추구와 처절한 생존투쟁에 방치해 놓은 채 이를 합리적인 시장경제의 필연적 결과라고 매도하는 사고방식의 배후에는 바로 이러한 이기주의가 자리 잡고 있는 것이다. 그러나 이러한 논리는 인간의 가치에 대한 근본적인 몰이해와 사회적 존재라는 인간의 윤리적 본질을 부인한다는 점에서 가장 부도덕한 이론임에 틀림이 없는 것이다.

4. 도덕 규범의 근거

1) 의무론과 목적론

어떤 행위가 옳다 혹은 옳지 않다라는 판단에 대한 이유나 근거를 물었을 때, 우리는 어떤 도덕 규칙에 근거해서 그것을 설명하려고 한다. 이때 제시되는 근거는 두 가지의 형태로 나타나는데, 그 중 하나는 어떤 행위가 올바르다는 것은 우리가 미리 상호간에 약속한 어떤 규칙을 지켰기 때문이라는 것이고, 다른 하나는 어떤 행위가 올바르다 올바르지 않다는 것은 그 행위의 결과가 좋거나 나쁘다는 데서 비롯된다는 것이다. 예를 들어서 교통신호를 위반한 것이 나쁜 행동인 이유는 우리가 미리 약속한 교통법규를 어겼기 때문이다. 반면에 가난한 사람을 도와주지 않는 것이 나쁜 것은 그 거절 행위로 인해서 그 사람이 빈곤이라는 고통과 불행에 계속 머물게 하기 때문이다. 이러한 두 가지 원칙 중 전자를 의무론으로, 후자를 결과론 혹은 목적론으로 부른다.

도덕적으로 문제가 되는 것은 이러한 두 가지의 원칙이 서로 상충할 때이다. 플라톤이 그의 대화록에서 든 예를 하나 보면, 어떤 사람이 그의 친구에게 무기를 맡기고서 그가 필요할 때에 친구는 언제든지 그 무기를 돌려주기로 약속했다. 어느 날, 그는 흥분한 상태로 친구를 찾아와서는 부정한 아내를 죽이겠다면서 그 무기를 돌려줄 것을 요구했다. 약속을 한 이상 친구는 그것을 돌려줄 의무가 있다. 그러나 그렇게 되면 친구는 살인을 돕는 결과가 되고, 이는 도덕적으로 용납할 수 없는 것이다.

우리 주위에서 자주 목격하게 되는 또 다른 예로는 기형아를 임신한 산모의 경우이다. 이런 경우 산모는 흔히 손쉬운 방법으로 낙태를 고려하게 된다. 그러나 아무리 태아가 기형아라도 그도 생명체인 이상 낙태는 원칙적으로는 살인행위이며 이것은 생명을 존중해야 한다는 우리의 약속을 어기는 것이다. 그러나 그 반대로 그 태아가 출산될 경우 기형아로서 겪게 될 어두운 삶은 부모나 본인 모두에게 고통스러운 과정이 될 것은 너무나 확실한 것이다.

이처럼 우리는 두 가지의 도덕 원칙이 상충하는 상황에 자주 놓이게 되는데, 이러한 상황을 도덕의 '딜레마(dilema)적인 상황'이라고 부른다. 이러한 상황은 도덕적 의무와 이해타산 사이의 갈등에서 비롯되는 경우도 있지만, 위의 예처럼 두 가지의 도덕적 원칙 사이의 선택에서 비롯되는 경우도 있다. 각각으로 보면 의무론이나 목적론 모두가 그 나름대로의 정당성을 가지고 있지만, 문제는 이 원칙들이 동시에 한 상황에 적용될 수 없다는데 있다.

따라서 도덕철학에서는 다음과 같은 기본적인 문제가 제기된다. 최선의 결과를 위해서 도덕규칙을 양보해야할 때는 언제이며, 도덕 규칙을 준수하기 위해서 최선의 결과를 희생해야할 때는 언제인가? 이러한 문제에 대해서 의무론자들은 도덕규칙에 일치하는 행위는 옳은 것이고, 이러한 규칙에 어긋나는 행위는 그르다고 주장할 것이다. 이리하여 우리는 어떠한 상황에서도 도덕 규칙을 따라야 하며 설사 도덕 준수에 따르는 결과가 나쁘더라도 그것 때문에 어떠한 도덕규칙에도 예외를 허용할 수 없다는 것이다. 다소 극단적인 입장이기는 하지만 칸트의 선험적 도덕이론은 이러한 의무론을 대표한다.

그런데 의무론은 다음과 같은 두 가지 문제를 가진다. 첫째, 의무론적 입장에 따르면 올바른 도덕 규칙을 지키는 행위는 옳고, 그것을 어기는 행위는 그르다고 한다. 그러나 가능한 수많은 규칙 가운데서 어떤 것이 옳은 도덕 규칙인가를 가려줄 기준은 무엇인가 하는 것이 문제이다. 둘째, 앞에서도 이미 보았듯이 도덕 문제는 두 가지의 나름대로 정당한 도덕 규칙이 상충할 때 생긴다. 이와 같이 상충하는 규칙 중에서 어떠한 규칙을 선택해야 하는가에 대해서 의무론으로부터 답변을 얻기가 힘들 것이다.

이처럼 상충하는 도덕규칙의 문제와 더불어 도덕규칙에 어떠한 예외도 인정하지 않는다는 점에서 사람들로 하여금 의무론을 비판하고 목적론을 옹호하게 한다. 목적론에 있어서 가장 대표적인 것이 공리주의이다. 이 입장에 따르면 어떤 상황에서 관련된 모든 사람에게 최대의 행복을 가져오는 행위가 옳다고 한다. 따라서 도덕 규칙에 따르는 것보다 그것을 어기는 것이 보다 많은 행복을 가져온다면 공리주의자는 그 도덕 규칙을 어겨도 좋다고 말한다. 다시 말해서 정당한 예외라면 그것을 허용할 수 있다는 것이다.

따라서 의무론적 입장과는 달리, 공리주의는 어떤 상황에서 도덕 규칙들이 상충할 때에 어떻게 해야 할 것인지를 분명히 말할 수 있다는 장점을 가진다. 물론 예외를 인정한다 해서 전통적인 도덕 규칙들이 소홀하게 취급되거나 무시되는 것은 아니다. 공리주의자들은 전통적인 도덕적인 도덕 규칙들이 대체로 사람들에게 가장 큰 행복을 가져다주는 지침으로서, 오랜 세월을 거쳐 정선된 것임을 인정한다. 단지 규칙에 따름으로써 가장 큰 행복이 보장되지 않는다는 점이 명백할 때에만 그것을 어겨도 좋다고 한다. 따라서 공리주의는 보기만큼 그렇게 극단적인 입장이 아니다. 공리주의도 물론 몇 가지 문제들을 내포하고 있다.

첫째, 공리주의는 인간의 행복을 최대로 도모하는 것이 도덕에 있어서 유일한 의무라고 하며, 어떤 사람의 행복도 모두 똑같이 중요하다고 본다. 그러나 이때 공리주의자는 우리의 부모나 형제, 민족 등과 같이 우리와 특수한 관계에 있는 사람에 대해서 가지는 특정한 도덕적 의무에 대해서는 별다른 설명을 하지 못한다.

둘째, 우리의 일상적인 삶에서 의무라 생각되는 행위에는 행복과 직결되지 않는 것도 있다. 예를 들어서 선거에 있어서 나의 한 표는 그 결과에 별다른 영향을 끼치지 않으며, 투표를 하는 것이 인간의 행복을 증진한다는 이유에서 나의 의무가 되는 것은 아니다.

셋째, 보다 심각한 문제는 공리주의적 입장은 우리의 도덕 규칙에 대해서 지나치게 많은 예외를 허용할 가능성이 있다는 점이다. 공리주의자들은 규칙을 어기는 것이 규칙을 따르는 것보다 전체 행복에 보탬이 된다면, 미련 없이 규칙을 어기라고 한다. 물론, 행복을 위해서 규칙을 어겨야 할 경우가 가끔 있다는 것은 일상적인 삶에서 자주 경험한다. 그러나 문제는 이때의 행복이란 어떠한 행복을 의미 하는가 라는 데 있다. 한 개인의 생명을 구하기 위해서 약속을 어기는 것은 허락 할 수 있지만, 다수이기는 하지만 그들의 사소한 행복이나 편의를 위해서 약속을 어기는 것은 허락할 수 없는 것이다.

결국 소박한 형태의 의무론은 언제나 규칙만을 고수하는 점에서, 그리고 단순한 공리주의는 최선의 결과를 위해 지나친 예외를 허용한다는 점에서 각각 문제점을 드러낸다. 그렇다면 극단적인 의무론이나 소박한 공리주의의 난점을 피할 수 있는 보다 합당한 윤리설은 없을까? 현대 윤리학자들은 의무론자가 도덕 규칙을 강조한다는 점과 목적론자가 행위 결과를 강조한다는 점을 모두 고려하면서 새로운 윤리설을 구상하였다. 이 중에서 가장 주목할 만한 것은 조건부 의무론과 규칙 공리주의이다.

2) 조건부 의무론과 규칙 공리주의

의무론은 선험적 도덕원칙이 경험주의적이고 실용적인 도덕원칙보다 훨씬 보편적임으로 모든 사람들이 그것을 따를 것이라고 주장하지만 그러나 실제로는 그러한 엄격한 원칙이 현실적인 원칙보다 보편적이지 않음을 쉽게 확인 할 수 있다. 예를 들면 자본주의적인 가치가 지배하는 이 시대에 더 이상 "정직이 최선의 삶의 태도이다"라는 도덕원칙은 통용되지 않는다. 영국의 윤리학자 로스는 이러한 의무론적 윤리학의 난점을 해결하면서, 이를 근거로 해서 공리주의자들의 원칙을 새롭게 제시하려고 노력하였다.

그러나 영국의 철학자 로스에 의하면 공리주의는 두 가지 면에서 문제점을 보여준다. 첫째, 도덕적 의무는 공리주의가 생각하는 것에 비해서 보다 사적이고 개인적인 특성을 가지고 있다. 물론 우리는 모든 사람의 보편적인 행복을 증진해야할 의무도 가지지만, 우리와 특정한 관계를 가지는 사람에게 특수한 의무를 가지는 것도 사실이다. 예를 들어서 우리들은 우리들의 부모나 친지에게는 우리와 관계를 가지지 않는 사람들과는 다른 윤리적 의무를 가질 수밖에 없다.

둘째, 의무는 미래와 관련된 것도 있으나, 과거와 상관된 것도 있다. 어떤 의무는 미래에 대한 결과 때문에 아니라 과거에 일어난 행위로 말미암아 생기기도 한다. 가령 내가 약속을 지키는 것은 미래의 좋은 결과 때문에서가 아니라 과거의 약속 때문이다. 이때 약속을 지킴으로써 나쁜 결과가 생긴다 하더라도 나는 약속을 지켜야 할 의무를 지게 되는 것이다.

로스는 공리주의적 윤리설을 비판하면서 일단 의무론의 진영에 속한다. 그러나 그는 극단적인 의무론자의 입장을 그대로 동조하지는 않는다. 의무론자들에 대해서 로스는 두 가지 점을 들어서 비판한다. 첫째, 행위에 대한 정당한 예외가 있는데도 불구하고 의무론자들은 모든 도덕 규칙을 무조건적 규칙으로 생각한다는 점이다.

둘째, 그들의 관점은 윤리적 입장들이 서로 상충하는 상황에서는 별다른 도움이 되지 못한다. 다시 말해서 절대적이고 무조건적인 의무와 상대적이고 상황에 의존할 수밖에 없는 의무사이를 구별하지 못한 것이 의무론자들의 오류라는 것이다. 우리는 바른 말을 해야 할 절대적 의무나 약속을 지켜야 할 절대적 의무를 가지는 것이 아니다. 우리는 바른 말을 하거나 약속을 지켜야 할 조건부 의무, 즉 이보다 더 중요한 의무가 없다는 조건 아래 바른 말을 하고 약속을 지켜야 하며, 그런 한에서 이들은 절대적 의무가 되는 것이다.

이런 식으로 생각함으로써 상충하는 의무나 규칙의 문제는 사라지게 된다. 그러나 로스의 입장도 약간의 문제를 보여준다. 그것은 두 가지의 규칙이나 의무가 상충할 때, 어떤 조건부 의무가 더 중요한 것인지를 어떻게 가릴 것인가이다. 이에 대해서 로스는 궁극적인 기준은 존재하지 않는다고 말하면서, 이는 어쩔 수 없는 현실이며 어떤 것이 더 중요한 의무인가에 대해서는 단지 우리의 직관이나 식견에 의존하는 수밖에 없다고 보았다. 그러나 동일한 상황에 대한 사람들의 직관이나 식견은 흔히 불일치하기 마련이며, 이런 한에서 이와 같이 모호한 기준에 의존한다는 것은 엄밀한 해결책이 되지 못한다고 볼 수 있다.

한편 의무론이 로스에 의해서 발전되고 계승되었듯이 공리주의에 있어서도 전통적 공리주의가 새로운 형태로 변화되고 발전되었는데 이것이 이른바 규칙 공리주의다. 이에 비해서 전통적 공리주의는 행위 공리주의라고 부른다. 규칙 공리주의는 어떤 행위의 옳고 그름이 그 개별 행위의 결과에 의해서 평가될 것이 아니라, 그 행위가 보편적으로 수행된 결과, 즉 그 행위와 관련된 규칙이 모든 사람에게 통용된 결과에 의해 평가되어야 한다는 것이다. 이는 칸트의 보편성을 공리주의가 받아들인 결과로서 나타난 것이라 할 수 있다.

예를 들어 수돗물이 부족해서 정원에 물주는 일을 삼가 하라는 지침이 공표되었을 때, 한 시민이 그 규칙을 어겼다고 할지라도 그리 나쁜 결과가 나타나지는 않을 것이다. 전체적인 수돗물 사정에 나쁜 영향을 주지 않을 뿐만 아니라, 그의 정원의 수목은 물을 듬뿍 머금어 푸르고 싱싱해져서 보는 이로 하여금 즐겁게 할 것이다. 전체적으로 보았을 때에 보다 좋은 결과를 가져오게 될 것이므로 그가 그러한 행위를 삼가야 할 별다른 이유가 없게 된다.

그러나 모든 사람이 정원에 물을 줄 때, 그 도시의 사람들은 심각한 식수의 부족을 겪어야 될 것이다. 정원에 물을 뿌리는 나의 행위는 그것만의 결과로 인해서가 아니라, 모든 사람이 나와 동일한 행위를 하는 결과에 의해 그릇된 것으로 판단된다는 것이 규칙 공리주의의 주장이다. 잔디를 밟는 일이나 투표일에 기권을 하는 일도 마찬가지 방식으로 그릇된 행위가 된다. 개별 행위만을 두고 생각한다면 그 영향력이 무시할 수 있을 정도로 사소한 것이지만 그러한 행위가 보편화될 때에 잔디는 황폐하게 되고, 유능한 후보자의 낙선이라는 불행이 초래되는 것이다.

전통적인 행위 공리주의는 가능한 행위 중에서 관련된 모든 사람에게 최대의 행복을 가져오는 행위가 옳다고 하여 개별적 행위의 결과에만 주목한다. 그러나 규칙 공리주의는 어떤 유사한 종류의 행위에 적용되는 규칙이나 의무가 많은 사람에 의해 준수될 때 보다 관련된 사람들에게 보다 많은 행복을 가져오면 그러한 종류의 행위들이 옳은 행위라는 것이다. 이런 식으로 상충하는 규칙이나 의무를 보다 기본적인 기준에 의해 조정함으로써 규칙 공리주의는 로스의 조건부 의무 이론에 대한 강력한 하나의 대안이 된다. 그리고 규칙 공리주의는 규칙의 예외문제, 즉 결과가 조금이라도 좋으면 언제라도 규칙의 위반을 허용하는 행위공리주의의 난점도 해결 할 수 있다고 본다.

5. 주관주의와 객관주의

지금까지 우리들은 의무론과 목적론을 고찰하였다. 이제 주관주의와 객관주의라는 또 다른 하나의 기준에 대해서 생각해보자. 윤리규범과 관련하여 제기되는 질문 중의 하나는 '도덕적 가치는 주관적인가 객관적인가?' 하는 문제이다. 이러한 질문은 '모든 인류에게 적용되는 보편적인 도덕적 표준이나 행위의 규칙이 있는가?' 또는 '도덕적 표준이나 행위규칙은 문화권에 제한되어 있는가?'로 이해될 수 있다. 이러한 질문에 윤리적 주관주의자들은 모든 도덕규범은 문화권에 따라 상대적이라고 주장할 것이며 객관주의자들은 보편성을 주장할 것이다.

윤리적 주관주의란 어떤 행위에 대한 도덕적 판단이란 근본적으로 불가능하다고 주장하거나, 설사 가능하더라도 그러한 판단은 "나는 이 연필을 좋아 한다"와 같이 판단하는 사람의 심리상태에 따라 결정된다고 주장하는 이론이다. 이에 따르면 '좋다', '옳다' 등의 도덕적 용어는 우리의 욕망이나 성향 등을 나타내는 개인적인 표현에 불과하다.

주관주의자들의 이러한 주장은 윤리적 규범의 존재 가능성에 대해서 심각한 의문을 제기할 수 있다. 도덕규범이 시대와 장소에 따라 다르다면 모든 사람에게 보편적으로 적용할 수 있는 이상적 도덕 체계는 불가능하며 따라서 불변의 원리도 없기 때문이다. 주관주의적 윤리설이 옳다면 도덕 판단을 내리는 데 있어서 아무도 어떠한 잘못을 저질렀다고 말할 수 없게 된다. 주관주의가 일반적인 도덕 감정과도 일치하지 않고 건전한 사고방식이라고 볼 수 없는 것은 이런 측면에서이다.

객관주의적 윤리학자들은 주관주의가 옳은 경우 도덕적 혼돈 상태나 무정부주의가 생겨난다고 주장한다. 그리고 도덕적 판단이라는 것은 이런 식의 개인적인 표현이 아니라, "2 더하기 2 는 4"와 같은 객관적인 세계의 어떤 성질을 나타내는 것이라고 주장한다. 도덕에 있어서 객관주의를 옹호하는 이유는 그것이 주관주의에 비해서 도덕에 관한 우리의 건전한 상식에 보다 잘 부합한다는 것을 의미한다. 이처럼 객관주의가 보다 바람직한 윤리설이기는 하지만, 객관주의에 있어서도 문제가 전혀 없는 것은 아니다.

대표적인 난점은 어떤 행위가 옳고 그르다는 것을 객관적으로 입증할 방법에 관한 문제이다. 객관주의에 따르면 과학적인 사실판단과 도덕적인 가치판단이 그 옳고 그름을 입증하는 방법에 있어서 아무런 차이가 없다고 주장하지만, 이러한 설명은 쉽게 납득될 수 없는 것이 사실이다. 예를 들어서 불치의 병으로 인한 고통이 너무나 크기에 차라리 죽기를 바라는, 즉 죽음만이 그를 엄청난 고통으로 부터 벗어나게 한다는 것을 모두가 인정하는 환자에게 살인은 무조건 나쁘다는 원칙적 신념의 적용은 별 의미는 없는 것이다. 그리고 실증적인 방법에 의한 사실판단과 정서적인 차원에서의 가치판단을 동일하게 보는 것도 타당할 수가 없는 것이다.

6. 절대주의와 상대주의

1) 윤리적 절대주의

어떤 사람이 '도덕규범은 상대적인가 절대적인가?'라고 물을 때 '절대적'이라고 주장하는 윤리학자들이 있다. 이들의 주장을 이해하기 위해서는 우선 절대적이라는 용어의 의미를 살펴보아야 한다. 왜냐하면 의미가 분명히 밝혀지지 않는 한 도덕규범이 상대적인가 혹은 절대적인가 하는 물음에 대한 해답은 불가능하기 때문이다. 이때 절대적이라는 용어는 대체로 두 가지 의미가 해석된다.

첫째는 윤리적 보편주의를 의미한다. 이때 절대적이란 용어는 어떤 도덕규범이 시, 공간을 떠나서 모든 문화적 상황에 보편적으로 확립될 수 있는 근거에서 이러한 규범이 모든 인간의 행위에 올바르게 적용될 수 있다는 것을 뜻한다. 따라서 윤리적 절대주의자는 한 사회에서 실제로 받아들여지고 있는 도덕규범은 그것이 무엇이든 간에 모든 사람에게 적용되는 보편적이고 절대적인 도덕규범이 있다고 주장한다.

둘째는 특정 규범이 어떠한 예외도 갖지 않음을 의미한다. 따라서 '약속을 어기는 것은 그르다'라는 규칙은 '어떠한 상황에서도 약속을 결코 어겨서는 안 된다'라는 뜻이다. 심지어 약속을 지킨 결과, 아무 잘못 없는 사람에게 고통을 준다하더라도 약속을 지키는 것이 절대적인 차원에서 의무이다. 따라서 윤리적 절대주의자는 적어도 몇몇의 도덕규범의 경우에 정당화 할 수 있는 어떠한 예외도 허용할 수 없다고 주장한다.

이렇게 볼 때, 첫째 의미의 절대주의자와 둘째 의미의 절대주의자가 반드시 일치할 필요는 없다. 왜냐하면 첫째의 경우에는 모든 사람에게 타당한 도덕규범이라도 특수한 상황이 생기게 되면 합법적인 예외를 허용하기 때문이다. 예를 들어 '살인하지 말라'는 규칙이 모든 사회의 모든 사람에게 적용되는 보편적인 도덕규범으로 인정되더라도 첫째 의미에서는 보편적 합법성이 인정되는 경우에는 예외가 허용된다. 만약 미친 사람이 공격해 올 경우 자기의 생명과 자식들의 생명을 지키기 위해서는 '살인하지 말라'는 규칙에도 불구하고 그 미친 사람을 죽여야 하는 것이다.

이리하여 '살인하지 말라'는 규칙은 완전한 문장으로 표시하면 다음과 같이 재구성할 수 있다. "자기방어 또는 조직적인 집단 학살을 방지하기 위해서 꼭 필요한 경우를 제외하고는 어느 사회의 어느 누구도 다른 이의 생명을 빼앗는 것은 부당하다"라고 고쳐 쓸 수 있다. 이러한 경우에 우리는 윤리적 보편주의자인 것이다. 그러나 이러한 합당한 예외까지도 거부한다면 둘째 의미에서의 윤리적 절대주의자인 것이다.

2) 윤리적 상대주의

모든 도덕적 가치는 상대적이거나 또는 문화권에 제한되어 있다는 견해를 주장하는 윤리적 상대주의자들은 다음과 같은 근거를 제시한다. 첫째, 경험적 내지 사실적 주장을 근거로 제시한다. 둘째, 규범적 주장을 근거로 제시한다. 셋째, 분석 윤리적 원리에 근거하여 제시한다. 제시 방법의 차이에 따른 세 입장을 각각 기술 윤리적 상대주의, 규범 윤리적 상대주의, 분석 윤리적 상대주의라고 부른다,

(1) 기술 윤리적 상대주의

기술적 윤리적 상대주의에 의하면 모든 문화권에 공통되는 규범은 없다. 각 사회는 무엇이 옳고 또 무엇이 그른가에 대한 자체의 견해를 가지고 있으며, 이러한 견해는 여러 사회의 도덕률 간의 차이점 때문에 각기 다를 수밖에 없다. 기술적 상대주의에 입각한 사람들은 그들의 이론을 뒷받침하는 증거로서 다음과 같은 몇 가지 사실을 들고 있다. 첫째, 문화적 다양성에 대한 사실, 둘째, 도덕적 신념이나 도덕률의 상이한 기원에 대한 사실, 셋째, 자기 민족 중심주의에 대한 사실 등이다.

기술 윤리적 상대주의에 의하면 모든 문화는 서로 다른 도덕 규칙과 표준을 가지고 있고 또 개인들이 가지고 있는 도덕적 신념은 각각 자신이 속한 문화권에 사회적 질서와 가치관에 의해서 습득되기 때문에 보편적인 도덕규범은 없다. 그러나 기술적 상대주의자들의 주장이 보편적인 도덕원리의 존재를 완전히 부인할 수는 없다. 궁극적인 도덕원리의 예로 '유용성의 원리'가 있는데 그것은 서로 다른 사회의 도덕률에서 발견되는 구체적인 표준이나 규칙의 다양성과 완전히 일치할 수 있기 때문이다.

(2) 규범 윤리적 상대주의

"한 사회에서 옳은 것이 다른 사회에서 옳지 않을 수 있다"라는 진술은 도덕에서 상대성을 설명하기 위해 널리 쓰이는 표현이다. 이것은 보통 옳고 그름의 문제는 사회에 따라 다르지 않다는 윤리적 보편주의와 대립한다. 그러나 이러한 진술은 매우 애매하기 때문에 그 애매성에 주의를 기울여야 할 것이다. 왜냐하면 이러한 진술은 사실에 대한 주장 또는 규범적인 주장 둘 다를 의미하는 것으로 이해될 수 있으며, 이때 어느 쪽으로 이해되는가에 따라 매우 큰 차이를 나타내기 때문이다.

규범 윤리적 상대주의에 의하면, 도덕규범은 이를 생활 방식으로 받아들인 사회 안에서만 타당한 것으로 받아들여질 수 있고 그 사회 밖에서는 타당한 것으로 간주될 수 없다. 따라서 다른 사회에 속한 사람의 행동을 자기 자신이 속한 사회의 규범을 적용해서 판단하는 것은 정당하지 못하다는 결론이 나온다. 규범 윤리적 상대주의자는 "단순히 행위 X를 하는 것은 옳다"라는 형식의 모든 도덕 판단을, "행위자가 사회 S의 구성원일 때 행위 X를 하는 것은 옳다"라는 식으로 번역한다.

이러한 해석을 근거로 그들은 도덕규범의 보편타당성을 부정한다. 도덕적 표준이나 규칙은 이러한 표준이나 규칙을 현실적인 도덕들의 일부분으로 채택한 사회의 구성원에게만 올바르게 적응된다는 것이다. 이리하여 그들은 관용 자체에 대해서도 상대주의적 견해를 가진다. 다른 규범과 마찬가지로 관용도 문화 제한적이라는 것이다. 그러나 인간의 보편적 이성과 판단에 근거해 볼 때 여러 문화권에서 받아들이는 도덕적 신념과 도덕규범이 아무리 서로 상이하다고 하더라도, 여전히 이러한 신념 가운데서 어떤 것은 참이고 어떤 것은 거짓이라든가, 규범들 가운데 어떤 것은 다른 것 보다 좀 더 옳으며 보다 더 정당한가를 주장할 수 있는 최소한의 보편성은 존재하는 것이다.

(3) 분석 윤리적 상대주의

분석 윤리적 상대주의는 개념적 상대주의와 방법적 상대주의의 두 형태로 구분할 수 있다. 첫째, 개념적 상대주의란 문화마다 도덕적 개념이 서로 상이하므로 한 사회의 구성원들에게는 다른 사회의 규범적 용어나 개념은 의미가 없거나 이해될 수 없다고 보는 입장이다. 이리하여 개념적 상대주의자들은 도덕적 개념의 의미는 주어진 문화의 윤리체제 전체의 맥락 속에서만 이해될 수 있다고 주장한다. '옳다'와 '그르다' 그리고 '좋다'와 '나쁘다'라는 단어들의 의미는 문화마다 다를 뿐만 아니라 그 단어들의 지시하는 대상 역시 문화마다 상이하다.

둘째, 방법적 상대주의는 문화권에 따라 사람들은 각기 다른 추론 방법을 가지고 도덕 판단을 정당화한다고 주장한다. 따라서 똑같은 판단이 한 문화권에서는 정당화되고 다른 문화권에서는 정당화되지 않는다. 각각의 방법은 도덕적 논의에 주어진 이유가 좋은 것인지 또는 타당한 것인지를 결정짓는 각기 다른 기준을 제시한다.

그럼에도 그들은 윤리적 회의주의에 대해서도 부정한다. 도덕철학자들은 도덕적 추론의 방법이 가지고 있는 논리적 원리는 어느 문화에 속하든 도덕문제에 관해 합리적으로 생각하려는 사람이면 누구나 전제하고 있다는 것이다. 이리하여 도덕개념의 의미, 도덕언어 용법 그리고 행동의 지침이 되는 도덕규범들의 기능을 명백히 이해하고 있는 합리적인 사람이 어떻게 그의 사유를 이끌어 가고 있는가를 고찰함으로써 도덕철학자들은 도덕 판단의 진위를 결정하는 타당한 방법이 있으며, 따라서 순수한 도덕적 지식을 얻을 수 있는 하나의 정당한 방법이 있음을 보여줄 수 있다는 것이다.

3) 문화 상대주의

객관적 윤리설을 부정하는 대부분의 주장은 인간의 문화유형이 시대와 사회에 따라 다르다는 문화 상대주의에 근거하고 있다. 모든 시대와 사회는 그 나름의 문화를 가지며 이에 따른 도덕규범 역시 특정 문화권 속에서 채택된 기준과 규칙에 따르는 것이 당연하다는 것이다. 사실 서로 다른 문화권은 서로 다른 도덕적 규범을 가진다는 생각은 비단 윤리학자들뿐만 아니라 문화인류학을 비롯한 사회과학의 실증적 사례에 의해서도 뒷받침되고 있다. 그리고 이런 현상은 당연히 보편적 혹은 절대적인 도덕규범의 부정으로 연결된다.

예를 들어서 어떤 사회가 노예를 얻을 목적으로 전쟁을 하는 것을 정당화하거나, 어떤 사회가 격렬한 반유대주의라는 인종차별을 정당화하는 경우조차도 그 사회의 구성원이 되지 못하는 한 문화 상대주의는 우리로 하여금 그러한 사회들을 비판하지 못하게 한다. 문화 상대주의는 우리가 다른 사회의 규범을 비판하지 못하게 할 뿐 아니라, 타인으로 하여금 우리 자신의 규범을 비판하지 못하게 한다. 결국 문화 상대주의는 어떠한 도덕적 비판도 불가능하게 함으로써 윤리적 회의주의로 귀결되는 것이다.

이러한 문화 상대주의의 문제점을 밝히기 위해서는 앞에서의 절대주의 개념에 대한 분석과 마찬가지로 상대주의라는 것이 어떤 측면에서 성립할 수 있느냐를 먼저 따져볼 필요가 있다. 상대주의가 옳다는 것이 입증되기 위해서는 서로 다른 민족이나 사회의 윤리판단이 단지 상이하다는 사실만으로는 부족하다. 왜냐하면 두 민족이나 사회는 기본적인 윤리판단에 있어서는 일치하면서도 부차적인 판단에 있어서만 다를 수 있기 때문이다.

원시부족들에게서 흔히 볼 수 있었던 식인 풍습이 대표적인 경우인데, 이 풍습이 적어도 표면적인, 즉 부차적인 차원에서는 우리들의 윤리 규범과는 다르다고 할 수 있다. 그러나 그들의 식인 풍습의 목적이 사자(死者)의 영혼을, 특히 사자가 부모인 경우 부모의 영혼을 남아있는 자식들의 몸속에 깃들기를 원한다는 차원에서 이루어진다면 그들의 윤리와 우리의 윤리는 자녀가 부모를 그리워하고 자식 된 도리를 행한다는 차원에서는 동일한 것이다. 단지 양자 간의 차이는 본질적인 윤리적 신념의 차이라기보다는 부차적인 현상의 차이를 보여주는 것이다.

또 다른 예를 들자면, 일부일처제는 일부일처제의 사회에서는 옳지만 일부다처제의 사회에서는 옳지 않다. 그러나 엄밀히 따져본다면, 일부일처제가 가진 도덕 정당성만큼이나 일부다처제도 합리적인 면이 있다. 특히 부족 간의 전쟁이 빈번했던 고대 사회에서의 일부다처제를 전쟁에서 가장을 잃어버린 가족에 대한 생존 차원에서의 상호부조라고 본다면 그 나름대로의 합리적인 해결책인 것이다. 이러한 경우도 도덕 원칙의 적용방식만 다를 뿐 도덕원칙 그 자체가 다른 것은 아닌 것이기에 엄밀한 의미에서의 상대주의는 아닌 것이다.

60년대 이후 영국과 미국에서 강력한 호소력을 가지고 주장되어진 상황윤리도 이러한 상대주의적인 견해를 잘 보여주고 있다. 상황윤리를 주장하는 사람들은 과거로부터 이어져 왔던 전통적인 윤리적 규범이나 준칙도 나름대로는 가치를 지니고 있으나 이러한 규칙의 타당성은 결국 주어진 상황에서만 결정된다는 것이다. 따라서 부차적인 차원에서뿐만 아니라 기본적인 윤리적 신념마저 다르다는 것을 보여줄 때 상대주의는 타당성을 가질 수 있는 것이다.

이런 점에서 문화 상대주의에 근거한 윤리적 상대주의는 몇 가지의 장점을 보여준다. 첫째, 윤리적 상대주의는 우리가 선호하고 우리가 정당하다고 믿고 있는 도덕규범의 절대적 기준 그 자체를 회의하게 함으로써 열린 마음으로 다른 체계의 윤리나 규범을 바라볼 수 있다는 것이다. 결국 이렇게 본다면 이 모두는 옳지도 그러지도 않은 문화적 산물인 것이다. 둘째, 이렇게 본다면 우리는 더 이상 다른 시대나 다른 사회의 도덕규범이나 관습이 우리 자신의 시대나 사회의 그것보다 더 열등하거나 더 우수하다고 볼 수 없는 것이다. 즉 우리는 다른 사회의 규범이나 문화 양태를 를 우리와 "다르다"는 단순한 이유만으로 비난해서는 안된다는 것이다. 다르다는 것이 나쁜 것은 아니기 때문이다.

서구 제국의 식민지 확대와 더불어 시작된 다른 문화권으로의 서구 문화나 도덕규범의 일방적 유입은 서구의 문화나 도덕규범이 보편적이고도 절대적인 유형으로 강요됨으로서 가능한 것이었다. 결국 다른 규범과 도덕적 가치를 그대로 받아들이고 공존하고 합의하는 일, 다시 말하면 서로 관용을 배우는 것 이것이 윤리적 상대주의의 장점인 것이다. 왜냐하면 서로 간의 갈등이나 투쟁을 완화시켜 준다는 점에서 관용은 합리적이며, 어느 편도 결정적으로 정당하다는 것이 입증되지 않는 한 자신의 견해를 상대방에게 억지로 강요할 수 없는 것이다. 문화상대주의로 대표되는 윤리적 상대주의가 심각한 약점을 가지고 있음에도 불구하고 호소력을 가지고 있는 이유는 여기에 있다.

7. 전통 윤리학과 현대 윤리학

1) 이론윤리학, 기술윤리학, 응용윤리학

윤리학은 이론(theoretical)윤리학과 기술(descriptive)윤리학으로 우선 구분할 수 있다. 기술윤리학은 여러 문화권에서 지켜지고 있는 규범들을 발견하고 소개하는 것을 주된 내용으로 하고 있다. 따라서 기술윤리학은, 엄밀하게 이야기한다면, 윤리학이라고 하기 보다는 문화인류학으로 분류하는 것이 합당할 것이다. 반면에 이론윤리학은 특정한 지역이나 시대에 국한되지 않는 일반적인 행위 규범에 대해서 연구하고 그러한 행위 규범을 조직적으로 체계화하는 것을 임무로 삼는다.

이론윤리학은 다시 응용(applied)윤리학과 대비된다. 이론윤리학이 윤리학 전반의 넓은 문제 영역을 포괄하는 반면에, 응용윤리학은 특수하고도 전문영역에서 발생하는 도덕적 문제를 해결하기 위해 등장했다. 다시 말하면, 응용윤리학은 이론윤리학이 주장하는 규범들을 특수한 전문영역에서 발생하는 도덕적 문제를 해결하기 위해 적용하는 과정에서 성립했다고 할 수 있다. 예를 들어서 오늘날 인류는 심각한 환경오염으로 고통 받고 있으며 따라서 환경윤리는 이 시대 가장 주요한 윤리적 논쟁 중의 하나이다. 비록 기업이 이윤을 창출하기 위한 조직이기는 하지만 어디까지나 인간과 인간 사이의 관계로 이루어진다는 측면에서 기업윤리가 필요하다. 또한 인간의 생명을 포함해서 모든 생명체에 대해서 그 존엄성을 당연시한다는 측면에서 생명윤리 또한 중요하다.[57)]

---

57) 응용윤리학 분야는 이 이외에도 많다. 사회정의의 문제, 시민 불복종, 인종 및 성차별, 전쟁과 평화, 처벌의 정당화 등을 다루는 사회 윤리학을 위시해서 임신중절, 안락사,

이렇게 볼 때 이론윤리학이든, 응용윤리학이든 전통적인 윤리학은 대체로 규범윤리학과 같은 의미를 가지고 있다. 이때 규범윤리학은 행위의 규범을 발견하거나 새롭게 규정함을 사명으로 한다. 따라서 규범윤리학의 문제는 '어떻게 살 것이냐'로 귀착한다. 그리고 규범윤리학의 영역에 속하는 일차적인 문제는 어떤 행위자가 특정한 상황에 있어서 어떻게 해야 도덕적으로 옳은 행위가 되며, 그가 도덕적으로 마땅히 해야 할 바가 무엇인가, 우리의 도덕적 권리가 무엇인가를 결정함에 있어서 우리가 의거하게 될 기본원칙이나 기준 혹은 척도가 무엇인가에 대해서 관심을 갖는다.

이리하여 '당위의 학'으로서의 규범윤리학은 우리가 도덕적으로 옳고 그른 것과 의무가 무엇이며, 어떤 것이 혹은 어떤 사람이 도덕적으로 선하고 악하며 책임이 있는가를 결정함에 있어서 의거하게 될 합당한 의무의 원칙과 일반적 가치를 탐구한다.

2) 규범윤리학과 메타윤리학

19C 말부터 20초에 걸쳐 프레게, 무어, 러셀 등에 의해 이루어진 철학에 있어서의 언어적 전환은 윤리학에도 많은 영향을 미치게 된다. 영국과 미국을 중심으로 확산된 소위 분석적 철학 운동은 윤리학의 기반 자체를 흔들었다. 이리하여 비트겐슈타인은 "철학의 임무는 진리의 발견이 아니라 언어의 명료화이다"라고 주장하였고, 비엔나 서클은 검증원리로 기존의 형이상학과 함께 규범윤리학의 무의미함을 역설하였다.

자살과 죽음, 환자의 권리 등을 다루는 인간생명을 다루는 의학과 관련해서 발생할 수 있는 도덕적 문제들을 해결하기 위한 생명의료윤리학은 이 시대 특히 중요하다고 볼 수 있다. 이 밖에 성윤리, 기술윤리 등이 포함된다.

이러한 분석철학적 분위기로 인해서 윤리학은 전통적인 규범윤리학에서 메타윤리학으로 전환되었다.

메타윤리학은 우리가 행위를 함에 있어서 따라야 할 올바른 규범이 무엇인가에 대해서는 관심이 없다. 우리에게 규범을 따라야 할 의무가 있는가 없는가에 대해서도 관심이 없다. 메타윤리학의 관심사는 오로지 우리가 사용하는 규범적 용어, 예를 들어 "좋다", "나쁘다", "옳다", "그르다", "선하다", "악하다" 등이 어떠한 의미를 가지고 있는가에만 관심을 가지고 있었다. 즉 메타윤리학의 관심은 규범을 진술하는 언어적 표현과 그 언어적 표현과 관련된 개념 분석에만 있었다. 결국 '우리는 무엇을 해야 하느냐'라는 '당위'와 '가치'에 관한 질문에 답하는 것이 규범 윤리학이라면, '존재'와 '사실'에 관심을 가지면서 '윤리학의 학으로서의 가능성 여부'를 탐구하고자 하는 것이 메타 윤리학이다.

규범윤리학이 학문으로 성립할 수 없다고 주장하는 현대의 대표적인 메타윤리학 조류는 이모티비즘(emotivism)이다. 이모티비즘을 주장하는 윤리학자들은 예를 들어 "인간은 약속을 지켜야 한다"는 도덕적 판단은 '아 슬프다', '나쁜 녀석!' 등과 같이 말하는 사람의 감정(emotion)을 표출하거나 듣는 사람의 감정을 일으키는 구실을 할 뿐이며 우리에게 아무런 사실도 알려주지 않는다. 그러므로 이런 도덕적 판단은 예를 들어 '이 사과는 빨갛다'는 사실판단과 달리, 참 또는 거짓을 가릴 수 없기에 이러한 판단을 핵심 내용으로 담고 있는 규범윤리학은 학문으로 성립할 수 없다.[58)]

---

58) 그러나 규범윤리학이 학문으로 성립할 수 있다고 주장하는 메타윤리학자들도 있다. 20세기 미국의 윤리학자 헤어는 도덕판단이 결단 또는 선택에 의해 이루어지며 인간의 이러한 결단 또는 선택은 닥치는 대로 아무렇게나 이루어지는 것이 아니라, 지성적 요소를 갖추고 있으므로 도덕판단도 그 지성적 요소를 추적하여 참 또는 거짓을 가릴

언어분석적 경향을 띤 메타윤리학은 영국과 미국의 철학자들에 의해서 20세기 중반까지 위세를 떨친다. 그러나 핵무기와 같은 대량살상무기의 등장, 인종 간 갈등, 성적 억압에 대한 저항, 권위에 대한 도전 등 여러 가지 국제적, 국가적, 사회적 문제들이 발생함에 따라 규범윤리학에 대한 요구가 다시 대두하게 되었다. 당면한 문제들의 해결을 위해 메타윤리학이 제시해 줄 수 있는 답변은 없었기 때문이다.

이는 메타윤리학이 개념분석을 통해서 도덕 원칙이나 행위 목표를 간접적으로 함축하는 경우가 있기는 하나, 직접적으로는 제시하지 못했음을 의미하는 것이다.[59] 이것은 동시에 윤리적 규범이란 어떤 구체적 상황에서 특정 행위를 선택할 수 있는 실질적 기준을 제시할 수 있을 때에 만 의미가 있음을 보여주는 것이다.

수 있다고 보았다. 예를 들어 '이웃을 사랑해야 한다'는 도덕판단 속에는 '사람은 누구나 이웃을 사랑해야 한다'는 내용과 '이런 이웃 사랑 행동을 적극적으로 하라'는 내용이 들어 있다. 다시 말해서 이 도덕판단 속에는 그 내용이 모든 사람에게 적용된다는 보편화 가능성과 그 내용을 행동에 옮기도록 촉구하는 규제성이 들어 있다. 도덕판단 속에 이와 같은 보편화 가능성과 규제성이 들어 있다는 것은 인간이 도덕판단을 할 때 아무렇게나 하는 것이 아니라, 지성적으로 깊이 생각하고 있음을 의미한다. 헤어는 도덕판단 속에 들어 있는 이 지성적 요소의 참 또는 거짓을 가릴 수 있기에 도덕판단을 핵심 내용으로 가진 규범윤리학은 학문으로 성립할 수 있는 것이다.

59) 메타 윤리학에서 제기하는 주요문제는 (i) '옳다', '그르다', '좋다', '나쁘다'와 같은 윤리적 용어나 개념의 의미와 정의가 무엇인가? 이러한 용어나 개념 및 그와 비슷한 것이 나타내는 판단의 성격, 의미 혹은 기능은 어떤 것인가? 이러한 문장의 용법에 대한 규칙은 무엇인가? (ii) 이러한 용어를 도덕적으로 사용하는 경우와 도덕과 무관하게 사용하는 경우는 어떻게 구별되는가? '도덕과 무관한'과 대비되는 '도덕적'이라는 말의 의미는 무엇인가? (iii) 이들과 관련되어 있는 용어나 개념들인 '행위', '양심', '자유의지', '의도', '약속', '변명', '동기', '책임', '이유', '자발적'등과 같은 말은 어떻게 분석되며 그 의미는 무엇인가? (iv) 윤리판단이나 가치판단은 증명되거나 정당화될 수 있으며 그 타당성이 입증될 수 있는가? 만일 가능하다면 어떻게 어떤 의미에서인가? 혹은 도덕적 추론이나 가치에 관한 추론의 논거는 무엇인가? 등이다.

제 5 장 미학 혹은 예술철학

1. 철학에서의 분류 방식과 예술의 의미

예술은 다양한 현상들을 놓고 그것들을 파악하기 위해서는 분류를 하게 되는데, 가장 일반적인 범주들을 좇아서 그 현상들을 분류하여 몇 개의 커다란 집단들로 구분하면 나름대로의 질서와 명료성을 얻게 된다. 고전기 이래로 유럽 문화사에는 이러한 분류가 전통적으로 이루어져 왔다. 여기에는 대표적으로 2분법과 3분법이 있다.

1) 존재론적 2분법

존재에 관해서는 두 가지 구분이 있어 왔으니 하나는 자연의 일부를 이루는 존재요, 다른 하나는 인간에 의해서 창조된 존재이다. 이 구분은 그리스인들로부터 기원한 것으로, 그들은 '자연과 관련된(physis)존재'와 '기술과 관련된' 또는 '인간이 만든 것에 관련된(poiesis) 존재'를 구별하였는데 플라톤은 이것이 소피스트들에 의해 이루어진 구분임을 증명한 바 있다. 고대인들로서는 이 구분이 인간으로부터 독립된 존재와 그렇지 않은 존재를 구별한 것이었다. 즉 필연적인 존재와 그렇지 않은 존재 간의 구별인 것이다. 이것은 한편으로 실천적인 문제와 사회적인 문제와 관련되는 것이지만, 다른 한편으로 미에 관련되는 견해와 예술에도 적용되었다.

존재에 관해서는 또 다른 차원에서 구성성분과 그것들의 배열 즉, 질료와 형상이라는 두 가지 구분이 있어왔다. 이 구분은 아리스토텔레스에 의해 이루어진 것으로, 그는 물질적인 질료와 형상과의 관계를 스승과는 다른 차원에서 설명하였다. 형상은 질료 속에 있고, 즉 관념적인 것은 물질적인 것 안에 있으며, 보편적인 것은 특수한 것이나 개별적인 것과 분리 될 수 없고, 만약 구분되더라도 그것은 단지 개념적으로만 가능하다는 것이다.

그리고 실제로 존재하는 것은 개별적인 실체(實體)들 뿐이며, 이 실체들의 특성을 나타내는 여러 가지 성질이 사물의 속성이 되어 부단히 변천하는 감각 세계를 형성하는 것이다. 따라서 적어도 제작이라는 과정을 통한 예술품이라고 불리기 위해서는 그 대상은 일차적으로 질료적 성격을 가져야 한다. 형상과 질료라는 두 개념은 이후에도 수세기에 걸쳐 다양하게 해석되어 왔다.

한편, 대상과 주관의 대립에 기초를 두고 있는 인식론적 차원에서도 2분법은 중요하였다. 사고하는 것과 성취된 것이라는 우리의 논의에 비추어서 '그 자체'인 것과 '우리에게로 향해 있는 것'을 단순하면서도 근본적으로 분리한 사람도 아리스토텔레스였다. 이러한 대립은 플라톤적인 사고방식에도 해당되었는데 유럽 사상사에서 이 대립은 데카르트와 칸트에 의해서 이어졌고 근대사상의 중심에 접근하면서 철학의 가장 중요한 관심사를 보여주었다. 예를 들어 사물들은 그 자체로 아름다운가 아니면 단지 우리에게만 아름답게 보이는가?가 대표적인 주제였다.

인식에 있어서는 정신적 인식과 감각적 인식의 두 가지 구분도 있어왔다. 이 양자는 고대에 아이스테시스(aisthesis)와 노에시스(noesis)라는 분명한 용어로 대조를 이루고 있었다. 이 두 개념은 근대에도 이성론과 감각론이라는 '인식의 두 줄기'와 이러한 흐름을 종합한 칸트의 이론에 이르기까지, 철학자들을 경험론자와 이성론자로 구분하는 토대를 형성하였다. 여기에서 우리가 염두에 두어야 할 것은 바로 미학이라는 학문의 명칭이 이 아이스테시스(감성, 감각)라는 그리스어에서 유래했다는 사실이다.

2) 가치론적 3분법

전통적으로 가치에 대해서는 3분법, 달리 말하면 세 가지의 지고한 것이 구분되어왔으니, 즉 진(眞, beauty), 선(善, good), 미(美, beauty)이다. 이 세 가지 개념은 플라톤에 의해 주장된 이후 유럽 사상사에서 계속 이어져왔다. 그리스어로 알레테이아(aletheia 眞), 아가톤(agathon 善), 칼론(kalon 美)로 표기되다가 중세에 접어들면서 라틴어로 베룸(verum 眞), 보눔(bonum 善), 풀크룸(pulchrum 美)으로 명기되었다. 그런데 이 라틴어들은 그리스어와는 달리 세 가지 가치로서가 아니라, 세 가지의 보편 개념들 혹은 지고한 종류와 판단력들로서 약간 수정된 의미를 가지게 되었다.

그러나 우리가 염두에 두어야 할 중요한 점은, 미가 서구문화에서 오랜 세월 동안 세 가지의 지고한 가치들 중의 하나로 간주되어 왔다는 사실이다.60) 이것은 기능과 삶의 양식에 관한 아리스토텔레스의 세 가지

60) 그러나 미국의 미학자 리차드 발레데서의 비유적 표현처럼 서구 지성사에서 미는 마치 두 언니로 늘 구박 받았던 신데렐라처럼 진과 선에 비해서 오랫동안 무시당하고 백안시되어 왔다. 이러한 풍조는 플라톤에게서 비롯되었고 기독교가 특히 심화시켰다.

구분, 이론(theoria, theory), 실천(praxis, action), 제작(poiesis, creativy)에서도 다시 확인할 수 있다. 이 기본적인 3분법은 칸트의 세 비판서, <순수이성비판>, <실천이성비판>, <판단력 비판>에도 변형된 형태로 나타난다. 이 세 비판서는 각각 철학의 세 가지 구분이자, 아리스토텔레스 이래로 이어져온 세 영역의 변형이었다.

19세기에 이르러 칸트주의자들에 의해서 철학이 논리학, 윤리학, 미학으로 나누었을 때도 이 구분은 동일한 원리로 작용하였고, 이것은 다시 학문, 도덕, 예술이라고 하는 다른 구분으로 나아갔다. 여기에서 우리가 염두에 두어야 할 것은, 이때 미학이 철학의 한 분야로 인정되었다는 것과, 예술이 미에 근거하는 인간의 창조적 행위로 인정받아 왔다는 사실이다. 심리학자들 역시 지성, 의지, 감정(정서)을 구별했는데 이 세 가지 요소가 전자의 구분(논리학-윤리학-미학)과 후자의 구분(학문-도덕-예술)에 상응한다는 점을 이들도 인정하였다.

이사의 구분법은 이후에도 계속되었고 널리 사용되었다. 자연-인간의 창조, 객관적 성질과 주관적 성질, 정신적인 것과 감각적인 것, 질료-형상, 창조-인지, 자연-예술, 사물-상징이라는 이원론과, 진-선-미, 이론-실천-제작, 논리학-윤리학-미학, 지성-의지-감정(정서), 학문-도덕-예술이라는 삼원론은 서구 사상에서 근본을 이루는 가장 주요한 구분이요 현대에 이르기까지 유효한 범주들이다.

2. 예술의 속성

1) 아름다움의 의미

최근 들어 예술과 문화에 대한 대중의 관심이 부쩍 늘어나는 추세와 더불어 미학 내지 예술철학에 대한 관심 또한 점증하고 있는 것 같다. 매스컴에서 자주 듣는 말처럼 '21세기는 문화의 시대'이기 때문인지는 모르지만, 예술 혹은 문화가 우리 생활에서 차지하는 비중이 과거 어느 때보다도 커진 것은 사실이다. 요즘의 젊은이들에게 영화를 보고, 뮤지컬을 보는 것은 음식을 먹고, 학교에 다니는 것만큼이나 자연스럽고 필수적인 활동이 되었다. 이들 청소년들을 중심으로 비교적 안정된 소비계층을 확보하면서 영화를 비롯한 다양한 문화산업은 고부가가치 산업으로 인식되어 대규모 자본을 유입시키고 있다.

대중예술을 하건 고급예술을 하건 이른바 성공한(?) 예술가들은 사회적으로 상당히 높은 지위를 누리고 있는 것이 현재의 실정이다. 이처럼 예술에 대한 인식이 전반적으로 향상되고 예술이 사회에서 행사하는 영향력이 점점 커지고 있기 때문에, 어느 시대보다도 오늘날 예술이란 활동과 그것이 추구하는 가치에 대한 반성적 작업은 절실히 요청되고 있는 것 같다. 그렇기에 아름다움이란 무엇이고, 예술이란 무엇인가 등에 관한 질문을 진지하게 제기하지 않을 수 없다.

우리가 어떤 신념을 무비판적으로 받아들이는 것이 아니라면, 그 자체가 옳다는 것을 특정한 증거와 추론에 의해서 논증해 보아야 한다. 철학적 작업이 흔히 '비판(critic)' 혹은 '비판적(critical)'이란 말과 동의로 사용되는 것은 여기에 있으며, 예술 역시 예외가 아니다. 철학의 한 분야로서 미학(美學)은 예술(藝術)과 미(美)에 대한 철학적 접근이고, 따라서 이들 개념에 대한 특정한 신념들을 비판적으로 검토한다. 미학은 "예술은 아름답다"와 같은 통념에 대해 무조건 동의하는 대신, "왜 예술이 아름답다고 말할 수 있는가?"라는 질문을 던져 보는 것이다.

이미 지적했듯이 미(美 아름다움)란 진(眞 참됨), 선 (善 착함)과 더불어 인생에서 가장 중요한 가치의 하나이고, "예술은 아름다움과 밀접하게 연관되어 있다"라는 명제는 아주 상식적인 믿음에 속하는 사실 중 하나일 것이다. 일반적으로 예술이란 미를 목적으로 하는 창조행위이며, 따라서 아름답지 못한 것은 예술이 아니라는 통념 역시 지배적 사고 중 하나였다. 이렇게 볼 때 예술 활동이란 예술적 욕구를 토대로 하여 미적 가치를 창조하고, 이를 실현하는 것을 목적으로 하는 정서적 활동이라고 규정할 수 있다.

하지만 이러한 믿음은 과연 어느 정도 참일까? 그렇게 생각하고 살아가도 문제될 것이 없을 만큼 이 믿음은 정당한 것일까? 아름다움은 추상적이고 정신적인 속성인가 아니면 눈에 보이는 구체적인 사물인가? 만약 어떤 사물이 아름답다면, 그것을 아름답다고 할 수 있는 근거는 어디에 있는가? 그 사물이 가지고 있는 객관적인 속성인가, 아니면 우리가 주관적으로 가지게 되는 즐거움인가? 그리고 이러한 질문은 조금 다른 방식으로 계속될 수 있다.

소위 '대중' 예술도 예술의 한 영역으로 인정해야 하는가? 이것들과 '정통' 예술과는 어떤 차이가 있는 것일까? 요리도 예술이 될 수 있을까? 상업 디자인의 아름다움을 어떻게 설명해야 하나? 건축이 예술에 속한다면 창고도 예술이 될 수 있을까? 사진과 영화 등의 복제예술에서 원본의 의미는 무엇일까? 슬픈 영화나 소설을 왜 그렇게 많은 사람들이 좋아하는 것일까? 외설과 예술의 경계는 어디까지일까? 예술을 검열하는 것이 정당한가? 예술이 사회 속에서 담당해야 할 기능이 있는가? 등등.

미학은 바로 이런 의문들에 대해서 철학적 방법으로 접근하는 것이다. 그리고 미학이 이처럼 하나의 학문이고, '미'라는 개념 역시 학문적 범주 속하는 개념이라면, 이 미라는 개념이 성형외과의 선전문구나 신문만화의 양식적 특성의 기술을 위한 용어로는 그다지 적절하지 않음을 알 수 있다. 동시에 '미학'을 '미'의 대용어로, 특정 작가의 개성적 양식이나 작품 제작기법, 예술관 등을 지칭하는 말로 사용하는 것 역시 미학에 대한 오해를 불러일으킬 소지가 있음을 여기서 알 수 있다.

2) 예술과 미의 상관성

그러나 문제는 "예술은 아름다움과 밀접하게 연관되어 있다"라는 명제들을 철학적 방법으로 접근하려고 할 때, 그리고 미와 예술에 대한 기존 믿음의 정당성을 예술의 다양한 영역에서 확인하려 할 때, 일상에서 이와 상반되는 경우를 많이 발견하게 된다는 사실이다. 특히 현대 예술에서 이러한 현상은 두드러지는데 어떻게 보면, 현대 예술은 '아름답고자'하는 목적을 의도적으로 거부하거나 망각한 것처럼 보인다.

바흐와 모차르트에 익숙한 청중들에게 쇤베르그의 무조 음악이란 소음에 불과할 것이다. 조작된 피아노 (prepared piano)로 연주된 존 케이지 음악은 불쾌함 그 자체일지도 모른다. 피카소의 대표작 <아비뇽의 아가씨들>은 미의 표상으로서 여인의 누드를 기대하던 사람들을 배신했다고 할 수 있고, 고장난 TV모니터를 이용한 백남준의 비디오 아트를 예술의 범주에 포함할 수 있을까 청중들은 고민할 것이다. 이외에도 <샘(fountain)>이라는 제목을 달고 거꾸로 놓인 소변기, 소변 속에 담긴 십자가의 예수상, 코끼리 똥으로 그린 성모 마리아, 여러 대의 라디오에서 나오는 소음으로 구성된 '음악', 자연석을 줄줄이 늘어놓은 것에 불과한 이른바 설치예술로 불리는 '조각' 작품 등.

이러한 것들은 아름답지 않은 것은 물론이요, 경우에 따라서는 잔인하고, 상스럽고, 역겹기까지 한데도 예술작품으로 불리고 있는 것이 현실이다. 그럼에도 '아름다움'이라는 예술의 가장 기본적인 속성마저 무시해버리는, 다시 말해서 예술도 아니면서 '예술인 체'하는 이들 제작물들을 예술의 범주에 포함시키는 이유는 어디에 있을까? 이것은 예술이란 일정한 미적 가치 원리에 따른 고유한 자율적 가치 영역을 가지고 있으며, 따라서 예술에 있어서의 미, 즉 예술미는 미적 가치를 목적으로 하는 창조과정에서, 실현된 미적 활동의 결과 내지 효과이지 목적 그 자체는 아니라는 것이다.

흔히 아름다움을 쾌감이라고 하지만 내가 느끼는 아름다움이나 쾌감이 다른 사람과 반드시 같다고 볼 수 없다. 사실 내가 좋아하는 노래와 내 친구가 좋아하는 노래가 항상 일치하는 것은 아니다. 그렇다면 아름답다 혹은 아름답지 않다는 판단에 대한 절대적인 기준이 어디에 있는 것일까? 이렇게 본다면 미 역시 예술의 유일하고도 본질적인 속성이라고 볼 수 없다. 어떤 경우에는 미(美)의 창조 보다 추(醜)의 창조가 창작자의 본래의 목적에 부합할 수도 있는 것이다.

예술이란 어느 일정한 질서의 구성물로서 그 자체의 목적을 위해 사물을 창조하는 것이 더 큰 목적이 될 수 있으며, 이런 의미에서 예술에 있어서의 미는 추와 더불어 그러한 창조 활동의 결과일 뿐이다. 예술의 역사 속에서 예술과 미의 상관관계를 살펴볼 때도 이 두 개념의 밀접한 결합이 비교적 근대에 와서 형성되었음을 알 수 있다. 사실 이러한 개념은 보티첼리, 레오나르도, 미켈란젤로, 뒤러의 시대, 즉 르네상스 시대이후 16, 17세기를 거치면서 점진적으로 형성되었다.

실상, 르네상스 시기 이전에는 '예술이 미를 추구 한다'라는 사고 자체가 존재하지 않았음을 예술사가 잘 보여준다. 이는 달리 말해서 르네상스 이전에는 '미'를 구현하기 위해서 혹은 그 자체로 향유되기 위해서 예술작품이 만들어진 경우는 거의 없었다는 것을 의미한다. 우리가 흔히 예술적 걸작으로 칭송하는 비너스와 불상, 그리고 파르테논 신전과 시스틴 예배당의 천정화도 '숭배와 섬김'이라는 종교적인 목적으로 만들어졌다. 이처럼 종교를 위한, 그리고 공동체를 위한 도구적 역할로 존재하였기에 예술작품은 아름다울 수도 있지만, 어떤 경우에는 매우 공포스럽고 혐오스럽기까지 한 것이었다.

17세기 이전에는 '예술(fine arts)'이라는 개념 역시 존재하지 않았다. 음악, 미술, 연극, 시 등을 '예술'이라는 용어로 한데 묶고, 공통의 목표를 '미'로 규정하게 된 것은 17세기에 이르러서였다. 따라서 예술의 자율성이란 개념 역시 최근에 형성된 개념이다. 예술과 미의 등식화라는 관점이 특정 시기의 한시적인 개념이란 차원에서 볼 때 예술에는 미적 속성 이외에 숭고, 우미, 영웅적임, 매혹적임, 드라마틱함, 비극적임, 희극적임, 개성적임 등과 심지어 퇴폐적임, 통속적임, 비속함, 추함마저도 포함되는 것이다. 현대로 올수록 미적 가치의 범주는 점점 더 넓어지고 개념 역시 점점 더 모호해지는 것이다.

3. 예술 개념의 전개

1) 기술과 예술

우리가 예술이라고 부르는 활동 중에는 다양한 것이 포함되어 있다. 회화, 조각, 건축, 음악, 무용, 시, 소설, 연극, 영화, 사진, 애니메이션, 비디오 아트 등등. 이런 다양한 활동들을 우리는 예술이라는 하나의 범주 안에 포함시켜 이해하고 있다. 그러나 고대에는 오늘날 예술이라고 부르는 활동들은 존재하고 있었지만, 우리가 사용하는 예술이라는 개념은 없었다. 통상 예술이라고 번역되는 'art'라는 영어는 라틴어 'ars'에서 나왔고, 'ars'는 그리스어 'techne'를 번역한 말이었다. 이 'techne'라는 말[61]이 영어의 'technique'의 어원으로서 '기술'과 '예술'을 의미하였다.

테크네라는 활동 속에는 오늘날 우리가 예술이라고 부르는 활동도 포함되지만, 우리가 기술이라고 부르는 활동, 그리고 학문(science)이라고 부르는 활동도 포함되었다. 예컨대 목수의 기술, 의사의 기술, 장사꾼의 기술, 항해술, 웅변술 등이 모두 테크네라고 불리었다. 그리고 우리가 예술에 포함하는 활동 중 일부는 아직 테크네에 포함되지 않았다. 예를 들어 회화, 조각, 건축과 같은 시각예술은 테크네에 속하였지만, 시,[62] 음악, 무용, 연극 등은 테크네에 포함시키지 않았다. 그리고 이와 같은 이해 방식은 르네상스 시기까지 계속되었다.

---

61) 고대인들에게 '테크네'는 '합리적인 규칙에 따른 인간의 제작활동 일체를 의미한다. 좀 더 구체적으로 설명하면, (1) 테크네는 인간이 하는 활동이다. 신 혹은 자연이 하는 활동이 아니다. (2) 인간의 활동은 다양하지만 그 중에서도 테크네라고 불리는 활동은 무언가를 생산(produce) 혹은 제작(make)하는 활동을 의미한다. (3) 따라서 테크네는 기술(skill) 혹은 솜씨(handicraft)에 의존하는 활동이다. 특정한 테크네를 하려면 기술을 배워야 하고 그 기술을 다시 남에게 가르칠 수 있다. 이렇듯 경험과 기억에 의존하여 학습과 교육이 가능한 것이 테크네이다. (4) 테크네를 가르치고 배울 수 있는 것은 그것을 하기 위한 일반적인 규칙이 있기 때문이다. 화가가 그림을 그린다고 했을 때, 그림을 그리는 방법의 체계가 있는 것처럼 이러한 체계에 대한 지식을 갖지 않고서는 테크네를 할 수가 없다.

62) 예를 들어 그리스인들은 시는 뮤즈의 여신들에 의한 영감으로부터 비롯되었기 때문에 시는 테크네가 아닌 것이다. 따라서 고대와 중세 때에는 시를 일종의 철학이나 예언으로 간주하였고 시인들은 예술가가 아니라 예언가로 인정되기도 하였다.

2) 예술 개념의 변화

르네상스시기에 이르러 기술과 예술 개념에 변형이 시작되었다. 오늘날 널리 통용되는 예술개념이 나타나기 위해, 옛 개념에 두 가지 변형이 나타나게 된다. 첫째, 공예와 학문들이 예술의 영역에서 배제되고 시가 들어오게 되었고, 둘째, 이후 예술로 남은 것들이 하나의 응집력 있는 단일체 즉, 기술과 기능에 의한 인간적 산물이라는 별도의 부류를 이루게 된 것이다. 시를 예술 속에 끼워 넣는 것은 쉬운 일이었다. 아리스토텔레스는 일찍이 비극의 규칙을 설정하면서 이미 시를 하나의 기술, 그리하여 하나의 예술로 다룬 바 있기 때문이다.

중세 초기와 중기에는 이런 사실을 잊고 있었지만 후기에 이르러 아리스토텔레스의 저작의 유입과 주석으로 인해서 그 기억을 되살릴 수 있었다. 즉, 아리스토텔레스의 <시학>이 16세기 중엽에 이탈리아에서 번역・각주되어 출간되면서 무수한 지지자들을 얻었을 때 시가 예술의 일원이라는 사실은 더 이상 의심의 여지가 없게 되었다. 이러한 변혁의 시기에 대해서 정확하게 말할 수는 없지만 이탈리아어 번역판 <시학>이 1549년에 나왔고, 바로 그 해로부터 아리스토텔레스의 정신에 입각한 시론들의 행렬이 시작되었던 것은 확실하다고 볼 수 있다.

순수예술을 공예와 분리시키는 작업은 당시의 사회적 상황, 말하자면 자신들의 지위를 높이려는 예술가들의 의욕으로 인해서 더욱 촉진되었다. 르네상스 때부터 미는 보다 높게 평가받기 시작하면서 고대 이후로 전혀 맡아보지 못했던 역할을 생활 내에서 행사하기 시작했다. 미를 산출하는 화가, 조각가, 건축가들은 보다 높은 가치를 인정받게 되었다. 어떤 경우든 그들은 스스로 공예가들보다 우월하다고 여겼고 공예와

자신들의 작업을 동일시하는 통례를 깨고 싶어하였다.63)

좀 더 어려웠던 문제는 순수예술과 학문을 구별하는 일이었다. 이 일에 장애가 되었던 것은 바로 화가 및 조각가들의 야심이었다. 장인으로 대우받느냐 아니면 학자로 대우받느냐의 선택을 놓고 그들은 후자를 대했던 것이다. 왜냐하면 학자들의 사회적 위치가 예술가에 비해서 비교도 안될 만큼 높았기 때문이다. 게다가 예술의 토대를 법칙과 규칙에 두었던 전통적인 예술개념으로 인해 그들은 이미 학자 쪽으로 기울어져 있었던 것이다. 탁월한 르네상스 예술가들의 이상은 자신들의 작업을 지배하는 법칙을 충분히 이해하고 자신들의 작품들을 정확하게 수학적으로 산정해내는 것이었다.

이런 경향은 원근법의 발견 이래로 특히 피에로 델라 프란체스카에게서 두드러졌고, 레오나르도 다 빈치도 마찬가지였다. 그것은 15세기 말 몇 십 년 동안을 풍미하던 전형적인 경향들 중의 하나였다. 파치올리는 1497년에 <신성한 비례에 대하여>에서 완전한 비례에 대한 자신의 산정결과를 기록하였으며, 피에로 델라 프란체스카는 좀 더 앞서 <회화의 원근법에 대하여>를 썼다. 물론 르네상스가 진행된 후 이렇게 정확하고 과학적이며 수학적인 개념에 대한 반론이 제기되었다. 즉 예술은 학문보다 나은 일을 할 수 있을지도 모르지만 학문과 동일한 일을 할 수 는 없다는 반론이었다. 이런 반론에 대한 암시는 이미 미켈란젤로에게서

---

63) 당시의 좋지 못했던 경제 사정도 예기치 않게 그들에게 도움이 되었다. 중세 말에 성행했던 상업과 산업이 이제는 쇠퇴하고 그 이전까지의 모든 자본 투자형태들이 불확실한 것으로 드러나자, 예술품이 다른 것에 비해 나았으면 나았지 못하지는 않은 투자형태로 인정받기 시작한 것이다. 이런 사정이 예술가들의 재정 상태 및 사회적 입지를 개선시켜주고 그들의 야심을 드높여주었다. 그들은 장인들과는 다른 존재로 구별되고 교양예술을 대표하는 자들로 대접받고 싶어했다. 비록 점진적이긴 했으나 그들은 이런 야심을 성취했는데, 화가가 조각가보다는 먼저였다.

나타나고 있으며 갈릴레오가 가장 단호하게 표명했다.

순수예술을 공예나 학문과 분리시키는 일은 이들이 함께 하나의 긴밀한 부류를 형성한다는 인식을 얻는 것보다는 쉬웠다. 그렇지만 오랫동안 순수예술을 위한 개념과 용어들은 결핍되어 있었으므로 이러한 개념과 용어를 만들어내야 할 필요성이 있었다. 이것은 의미 있는 변화였다. 이리하여 고상한, 우아한, 즐거움을 주는 등등의 예술에 관한 명칭들은 궁극적으로 순수예술이라는 개념으로 귀결되었고 이 개념은 잡다한 예술 양식으로부터 특정 양식의 예술을 분리시킬 수 있는 보편적인 근거로 기능하였다.

3) 순수예술의 분리

소위 '순수예술'이라는 용어는 18세기 학자들의 담론 속에도 등장하게 되었고 그 다음 세기에도 계속 통용되었다. 이 용어는 분명한 범위를 가지고 있었다. 프랑스의 철학자 바뙤는 회화, 조각, 음악, 시, 무용 등 다섯 가지의 순수 예술을 열거하고 여기에 건축과 웅변을 첨가하였다. 건축과 웅변이 첨가되어 모두 일곱이 된 순수예술의 이 목록은 이후에도 보편적으로 인정받았고 순수예술의 개념을 확립하는 데 크게 기여하였다. 지금에 와서 순수예술의 개념과 그 체계가 우리에게 당연한 것처럼 보이지만, 당시의 이론가들이 이러한 개념 확립을 위해서 얼마나 많은 노력이 기울어졌는가를 그리고 얼마나 뒤늦게 확립되었는지를 예술사는 잘 보여주고 있다.

18세기 중엽에 접어들면서 수공예는 예술이 아니며. 학문 역시 예술이 아니다 라는 주장에 대해서 별 다른 이의제기는 없었다. 이제 순수예술만이 진짜 예술이 된 것이다. 상황이 이렇게 되자, 순수예술 이외에 다른 예술은 없는 터라 순수예술을 단순히 예술이라고 지칭할 수 있게 되었고 그것이 매우 타당한 일로 받아 들여졌다. 순수예술이라는 용어는 즉각 그렇게 되지는 않았으나 19세기에는 완전히 공용어로 인정받게 되었다. 이처럼 고대 그리스의 테크네 이래로 예술이라는 용어는 지속적 있었지만, 그 내포적 개념은 계속 변화되었음을 알 수 있다.[64]

18세기 중엽에 이르러 순수예술의 명칭과 개념을 정착시키는데 크게 기여한 사람이 바로 프랑스 철학자 샤를르 바뙤였다. 그는 탁월 했다기 보다는 영향력이 컸던 저술가라고 볼 수 있는데 영향력이 있었던 이유는 이전에 선구자들이 계속 제기했던 문제, 즉 특수 그룹의 예술들을 따로 분리시켜 해명할 필요성이 있는 문제에 대해서 그가 최초의 해답을 시도하였기 때문이다. 바뙤가 역설했던 순수예술의 이론을 요약하면, 이들에 공통된 특정은 이들이 모두 실재를 모방한다는 점이다. 그런 점에서 그는 고대 이래의 오래된 경로를 답습해오고 있었던 것으로 보일 것이다.

그러나 이런 판단은 표면상의 것에 불과하였다. 왜냐하면 고대 이래로, 좀 더 정확히 말하면 플라톤과 아리스토텔레스 이래로, 예술은 독창적인 예술과 모방적인 예술로 구분되어 왔고, 이천 년이 넘도록 진행되어온 미메시스(mimesis 혹은 모방 imitatio)에 대한 논의는 모두 건축이나 음악이 아닌 회화, 조각, 시 등 이른바 모방예술에만 해당되는 것이었기

64) 그러자 이제 일각에서는 '순수예술'이라는 명칭은 한층 좁은 예술분야 즉, 예전에는 '도안예술'로 지칭되었던 시각예술로 넘겨지게 되었다. 이것이 프랑스와 영국을 중심으로 19세기에 '미술학교(School of Fine Arts)' 및 '미술진흥회(Society for the encouragement of Fine Arts)' 등의 명칭들이 사용되었던 시대적 배경이었다. 이것들은 시나 음악이 아닌 순전히 회화와 조각에 관련된 학교와 단체를 가리키는 것이었는데 이것은 결국 포괄적 의미로서의 예술(art)이라는 개념이 너무 애매하고도 모호해지는 결과를 초래하였다.

때문이다. 이렇게 볼 때 바뙤는 순수예술에 대한 일반이론의 근거를 미메시스에 두면서 모든 순수 예술을 모방적이라 보았던 최초의 인물이 되는 것이다.[65)]

바뙤가 예술영역에 일곱 가지 창작행위를 포함하면서 예술의 의미는 어느 정도 고정될 수 있었다. 그러나 이러한 고정도 잠시뿐이었다. 19세기에 이르러서 예술의 개념에 포함될 수도 있고 포함되지 않을 수도 있는, 논쟁의 여지가 많은 영역들이 다시 등장했던 것이다. 예컨대, 사진은 예술인가? 사진은 그것이 인간의 산물인 만큼이나 기계의 산물이기도 한 것이 분명하다. 오랫동안 예술은 순전히 인간의 산물로 귀착되는, 전적으로 인간적 활동이라 생각되고 있었다. 따라서 사진에 대한 의문은 이후 영화에 대해서도 다시 제기되었다.

이전에는 조경(造景)의 지위에 대한 의문이 있었는데, 그것은 조경이 인간의 산물인 만큼이나 자연의 산물이기도 했던 때문이다. 그렇다면 원예를 하나의 예술로 취급하는 것이 옳은 일일까?[66)] 19세기에 나온 창작품들에 대한 논쟁들은 이들이 인간정신의 산물이라기보다는 인간 손의 산물이라는 판단에서도 비롯되었다. 이들은 실제로 미보다는 실용적인 목적에 이바지했고, 그런 이유로 인해 '순수한' 예술이 아니기 때문에 예술로 간주되기에는 주저할 수밖에 없었던 것이다.[67)] 물론 바뙤는

---

65) 그의 이론이 옳은 것 같지는 않지만 상당한 인기를 누렸던 것은 사실이다. 그것은 예술을 새롭게 이해하는 최초의 인물이었기 때문이다.

66) 산업용 건축, 예를 들어 공장이나 창고는 어떨까? 건축이 전통적으로 속해왔던 예술의 범위 속에 산업용 건축을 포함시켜도 좋을까, 아니면 그것이 가진 특수한 성격으로 인해 예술 밖에 두어야 할까? 포스터는 회화의 한 분야인가 아니면 한갓 상업적 투기의 대상인가? 나아가서 점차 예술품 수집품목이나 미술관에서 도자기, 유리제품, 예술적인 융단, 병기류 등을 볼 수 있게 되었다. 이처럼 예술적인 가구와 여러 가지로 다양한 소위 작은 미술품들, 즉 장식적 소품들의 지위도 꼭 같이 논쟁의 소지를 안고 있었다.

이것들을 자신의 체계 속에 포함시키겠다고는 생각조차 하지 않았다. 그럼에도 불구하고 시간이 흐르면서 이들은 '예술적'이라는 형용사를 얻게 되었다.

4. 미학의 전개

지금까지 살펴보았다시피 예술의 의미는 시대에 따라 다양하였지만 일단 이론상으로는 유일한 기준은 미였다. 그러나 실제로는 사고내용, 표현, 진지함의 정도, 도덕적 강직성. 개별성, 비상업적인 목적 등도 예술적 기준에 포함되었음을 예술사는 보여주고 있다. 그럼에도 예술작품이냐 아니냐를 결정짓는 기준은 아직도 상당히 애매하고 모호한 경우가 많았다. 특히 현대에 이르러 예술을 예술이 아니 것과 구분 짓는 테두리는 더욱 불확실하고 불투명해졌다. 이러한 상황에서 미와 예술에 대한 좀 더 정확한 규정이 철학적 차원에서 필요하였고 이를 위해서 근대에 출발한 학문이 미학이었다. 그러나 미에 대한 개념은 미학이라는 학문이 등장하기 이전부터 예술에 관한 논쟁의 중심에 있었다. '미가 무엇인가?'라는 질문은 고대 그리스 철학에서 이미 이론의 중심을 이루었다.

플라톤은 내용보다 형식이 아름다운 예술작품을 만든다고 규정했다. 그리고 미는 진리나 유용함과는 관계없는 것이라고 주장했다. 이리하여

67) 예를 들어 19세기의 사람들은 가벼운 희극과 오페레타를 기꺼이 후원해주었지만 오펜바하가 지은 오페레타를 예술작품이라고는 생각하지 않았다. 그리고 요한 스트라우스의 왈츠라 할지라도 춤곡에 대해서는 꼭 같이 예술로 인정하기를 유보했다. 예술의 영역 속으로 들어 갈 수 있기 위해서는 해당 작품의 진지함의 정도와 도덕적 강직성도 요구되었던 것 같다.

그 유명한 '시인 추방론'을 통해서 시와 예술과의 불화를 노골적으로 드러내었다. 한편, 아리스토텔레스는 "시에서 올바른 것이 정치학에서도 올바른 것은 아니다" 혹은 "현실에서 가능하지 않은 것이 예술에서는 옳을 수도 있다"라고 말함으로써 예술의 이론적 작업에 선구적 업적을 보여주었다. 그는 미의 세 가지 본질적 요소를 전체성(integras), 조화(consonantia), 광휘(claritas)라고 확신하면서 이중에서도 특히 '정화'(katharsis)라는 개념을 통해서 예술의 순기능을 강조하였다. 이외에도 질서, 균형, 조화, 비례의 개념과 중용의 개념 그리고 '지나치지 않음'(nothing in excess) 등의 미적 기준 역시 그리스의 문화적 근원으로부터 나왔다.

플라톤과 아리스토텔레스에 이어 중세 미학의 토대를 구축한 학자는 신플라톤주의 철학자 플로티누스였다. 예를 들어 고대의 예술을 시 예술과 회화예술로 대비시켜 보았을 때, 이 두 종류의 예술은 모두 플라톤에 의해 비난을 받았다. 또 아리스토텔레스에 의해 시는 플라톤의 비난으로부터 구제되었다. 그러나 회화는 여전히 그 가치를 인정받을 철학적 근거를 찾지 못하고 있었다. 이러한 상황에서 플로티누스의 예술이론은 회화의 형이상학적 의의를 확인하는 데 크게 기여하였다.

플로티누스는 가시적 세계의 배후에 그 궁극적 원천으로서 일자(一者, the One)를 상정하면서 일체의 모든 관념과 지식은 이 일자로부터 유래하였다고 주장하였다. 일자는 마치 광원(光源)과 같아서 만물은 일자의 빛이 흘러넘침, 즉 유출(流出)함으로써 존재하게 된다는 것이다. 일자의 유출을 통해 세계가 형성된다고 보는 플로티누스의 이론을 유출설이라고 한다. 그리고 만물이 단일한 일자로부터 생성된다고 보는 플로티누스의 관점은 예술과 예술가들에 대한 새로운 견해를 가능하게 하였다.

플로티누스에게 예술가는 단순한 모방자가 아니고 예술품 역시 단순한 모방의 산물이 아니다. 오히려 예술가는 사물들의 원리에로 복귀하여 결핍된 것을 채워주는 역할을 하고 예술작품은 미의 이념이 질료화되어 순수한 사유 세계로부터 공간의 세계로 투사된 것이라고 할 수 있는 것이다. 즉 일자에서 가장 먼 존재인 물질을 이념에 참여하게 만든 사람이 예술가인 것이다. 이리하여 예술품은 불완전하게나마 이념에 참여하는 존재가 되었고, 예술가는 저항적인 질료에 이념을 투사하는 성스러운 과제를 담당한 사람이 되는 것이다.

근대를 거친 후 18세기에 이르러서 예술을 지배하는 법칙들의 독자성에 대해서도 다양한 이론이 제기되었는데 이러한 흐름을 대표하는 학적 사건은 바로 미학의 탄생이었다. 미학(美學)이라는 명칭은 18세기 독일 철학자 바움가르텐(A. G. Baumgarten)의 저작 <Aesthetica>(첫판 1750, 재판 1758)에서 기원하였다. 이 학문 이름은 그리스어의 감각(aisthesis)에서 유래된 것으로서 바움가르텐은 미에 관한 이 학문을 '감성적 인식의 과학(scientia cognitionis semitivae)'이라 규정하였다.68) 그에 의하면 미적 표상은 감성적이기 때문에, 이성적 인식을 대상으로 하는 논리학과 동등한 차원의 과학이라는 것이다.

그러나 이처럼 이성적 인식인 논리학에 대한 감성적 인식인 미학의 독립을 주장했음에도 불구하고 미학이 과연 감성적 인식일 수 있는가

68) 미학이라는 단어는 '지각하는 것'이라는 그리스어 aisthanesthai와 비물질적인 사물과 대조되는 것으로 '지각할 수 있는 사물'이라는 그리스어 aistheta에서 나왔다. 그러므로 옥스포드 영어사전은 미학 (Aesrhetics)을 '감각으로부터 나온 지식'으로 규정하고 있다. 그러나 이것은 사실 지나치게 넓은 정의인데, 왜냐하면 20세기에서의 강조가 '예술에서 정서의 명백한 구현'이라는 그러한 정의로 감각에서 감수성으로 옮겨갔기 때문이다. 또한 새로운 영어 사전의 정의가 '취미의 철학이나 이론, 자연과 예술에서 미에 대한 지각'으로 되어 있기 때문이다.

하는 비판이 줄곧 제기되었다. 예를 들어 칸트는 '감각적인 지각 상태에 대한 학문'으로서의 미학을 주목하면서 '美의 비판적 결정' 문제는 이른바 '취미판단'으로 다루어야 하며 이것을 이성적 원리 속에 포함시킨 것이 바움가르텐의 그릇된 희망에서 비롯되었다는 것이다. 이리하여 칸트는 <판단력 비판>에서 미적 판단의 문제는 오성에 의한 인식관계가 아니고, 상상력에 근거한 감성의 영역이라고 규정함으로써 실질적인 의미에서 미학의 독자적인 영역을 인정하였다.[69]

Asthetik이라는 용어를 미학이라는 뜻으로 공식적으로 사용한 사람은 독일의 시인 쉴러였다. 쉴러는 쾨르너에게 보낸 편지에서 "예술이란 스스로 규칙을 설정하는 것이다"라고 주장함으로써 18세기 후반 예술의 자율적인 법칙이 형성되는 데 크게 기여하였다. 한편, 쉘링은 예술철학(藝術哲學 Philosophie der Kunst)'이라는 명칭을 처음으로 제시하였고, 미학 내지 예술철학을 체계적으로 완성한 헤겔은 <미학강의>에서 미 자체보다는 예술과 예술사의 문제를 다루었다. 헤겔에게 있어서도 보다 중요한 것은 '미학'보다는 '예술철학'이었다.

한편, 바움가르텐의 새 용어와 관계없이 동시대의 감각적 미에 대한 보다 생산적인 연구가 경험주의적 전통을 자랑하는 영국에서 진행되었다. 첫 번째 체계적인 진술은 버크와 애디슨이었다. 버크는 이성을 경시하는 과학혁명 이후 '우리 자신의 마음속에 있는 열정'을 검토하려고 논의했던 최초의 사상가 중 하나였다. 애디슨은 감각의 쾌락, 오성의 쾌락 그리고 상상력의 쾌락을 대조하면서 이들 쾌락에서 나타나는 예술적 쾌락의 공통점을 규명하였다. 이 두 사람은 예술뿐만 아니라 자연을

---

69) 칸트는 가능한 미학이라는 말을 피하여 '판단력 비판(判斷力批判)'이라는 이름으로 미학의 문제를 논하였다.

포함하여 '우리 주위의 거의 모든 것'이 미적으로 가치가 있을 수 있다고 믿었기 때문에 인간의 감성 그 자체가 미적 특성(distinction)을 보여주는 경험(felt experience)의 영역으로 보았다.

이들은 오랫동안 미학을 괴롭혔던 미에 대한 전통적인 선입관을 극복하는데 크게 공헌하였다. 이들이 보기에 미는 모든 고전적 미학의 구성요소인 통일성, 조화, 다양, 균형, 비례와 연관되어져 왔다. 그리고 비통일적이었고 다양성이 부족했거나 반비례적으로 보였던, 예를 들어 사막이나 산악과 같은 사물들도, 여전히 정서를 자극했다는 것을 확신하면서 비미(非美, non-beauty)의 정도나 심지어 완전한 추까지도 미적 규범으로 인정하였다.

19세기 후반에 이르러 예술을 오로지 미를 중심으로 규정하는 전통적인 예술관에서 벗어나서 예술 자체만을 다루려는 이른바 예술학(藝術學 Kunstwissenschaft)이 주장되었다. 이런 경우 미학과 예술학은 서로 다른 개념을 보여준다고 볼 수 있다. 예를 들어 피들러는 "미학의 입장은 예술작품의 전체 내용 중 미적 속성이라는 단지 한 부분을 설명하는데 그치고 있는데 예술의 제작 작용은 때로는 미적 입장에서는 것을 거부하고 있기에 예술작품에 관한 적극적인 판단을 향하여 미학적 원리만을 적용하는 것은 부당한 일이 아닐 것이다"라면서 이른바 '예술에 대한 미학의 무능력'을 대신하는 예술학을 적극적으로 제의하였다.

그러나 미학이 추구하는 미적인 것(das Asthetische)과 예술학이 추구하는 예술적인 것(das Kunstliche)을 구별하고 관계시키는 시키는 것이 쉬운 일이 아니다. 예를 들어 자연미와 예술미는 서로 내적으로 연관되어 있다. 원래 예술적인 계기가 있기 때문에 자연미가 형성되는 것이고, 예술은 자연에 대한 미적 태도에서 출발되어지는 것이기 때문에 미학이 추구하는 미적인 것은 자연미와 같이 내용이 없는 형식적인 것이 아니고 예술학이 추구하는 예술미라고만 단적으로 말하기 힘 드는 일이다.

원리상으로도 이 양자를 구분하기가 쉽지 않은 것은 미는 예술을 통해서 성립되는 내용이고, 예술은 미적인 것을 형성시키는 원리이기 때문이다. 따라서 미학과 예술학이 반드시 같은 것은 아닐지라도 같은 원리에서 출발하기에 일반적으로 예술에 대한 철학적 사유라는 의미에서 미학과 예술학을 구분하지 않고 비슷한 개념으로 사용하는 것이다.

<참고도서>

1. 철학개론

1) 소광희 외 공저, <철학개론>, (서울: 서울대 출판부, 1992)
2) 김현태 편 <철학의 원리 1, 2>, (서울: 가톨릭대학 출판사, 1994)
3) J. C. 브렌넌 저, 곽광제 역, <철학의 의미>, (서울: 박영사, 1982)
4) D. 위스망 외 공저, 이정우 역, <새로운 철학강의 1, 2>, (서울: 인간사랑, 1988)
6) 나이젤 워버틴 저, 최희봉 역, <철학의 근본문제에 관한 10가지 성찰>, (서울: 자작나무, 2001)
7) 아우구스트 저, 강성위 역, <철학의 근본문제>, (대구: 이문출판사, 2007)

2. 형이상학

1) 리차드 테일러 저, 엄정식 역, <형이상학>, (서울: 서광사, 2006)
2) W. H. 월쉬 저, 이한우 역, <형이상학>, (서울: 문예출판사, 1991)
3) 정의채 저, <형이상학>, (서울: 성바오로 출판사, 1982)
4) 루이 밀레 저, 홍경실 역, <형이상학>, (서울: 한길사, 1999)

3. 인식론

1) D. W. 햄린 저, 이병욱 역, <인식론>, (서울: 서광사, 1986)
2) 요한네스 헤센 저, 이강조 역, <인식론>, (서울: 서광사, 1988)
3) W. V. 콰인 외 공저,, 정대현 역, <인식론 >, (서울: 종로서적, 1984)

4. 윤리학

1) 폴 테일러 저, 김영진 역, <윤리학의 기본원리>, (서울: 서광사, 1985)

2) 제임스 레이첼즈 저,, 노혜련 외 2인 공역, <도덕철학의 기초>, (서울: 나눔의 집, 2012)
3) 김태길 저, <윤리학>, (서울: 박영사, 1984)
4) 마이클 샌델 저, 이창신 역, <정의란 무엇인가 >, (서울: 김영사, 201)
5) 존 호스퍼스 저, 최용철 역, <인간행위의 탐구>, (서울: 지성의 샘, 1996)

5. 미학

1) 박이문 저, <예술철학>, (서울: 문학과 지성, 1983)
2) 김문환 편, <미학의 이해>, (서울: 문예출판사, 1989)
3) 멜빈 레이더 외 공저, 김광명 역, <예술과 인간의 가치>, (서울: 이론과 실천, 1988)
4) 진중권 저 <미학 오디세이 1, 2, 3>, (서울: 새길, 1997)